주여, 우리에게 임하시어 당신의 은혜로 이끌어주소서

주여, 우리에게 임하시어 당신의 사랑을 채워주소서

주여, 우리에게 임하시어 당신의 평화를 누리게 하소서

일러두기

· 성서 표기와 인용은 『공동번역개정판』(1999)과 『새번역』(2001)을
  혼용했습니다.
· 제시된 성서본문은 평일의 경우 세계 성공회 공동체에서 사용하는
  주간성서정과Weekday Eucharistic Lectionary를, 주일의 경우 세계 다양한 교
  단에서 사용하는 개정성서정과Revised Common Lectionary를 따랐습니다.

『주여, 우리에게 임하소서』를 펴내며

우리 내면 가장 깊은 곳에는

당신이 오시기를 바라는 갈망이 있습니다.

하지만 반복되는 절망과 기다림 속에서

우리는 당신이 정말 오시는지 의심합니다.

하지만 지금, 우리는 이 특별한 장소에서

우리보다 더 간절하게 당신을 바라는 사람들과

우리보다 더 끔찍한 절망을 겪은 사람들 가운데 있습니다.

대림절을 맞이한 당신의 교회와 자녀를 굽어살피소서.

이 희망의 계절, 우리는 너무나도 쉽게 지칩니다.

이 기다림의 계절, 우리의 분쟁과 다툼은

멈추지 않고 있습니다.

우리의 머리부터 발끝까지

오로지 당신께 집중하면서 기다릴 수 있도록

담담한 은총과 초조한 마음을 주소서.

당신을 기다리다 우리가 스스로

우리를 파괴하지 않을까 불안합니다.

당신의 강한 능력으로 우리에게 오소서.

당신의 약함과 겸손함으로 우리에게 오소서.

모든 순간 가운데 오셔서 만물을 새롭게 하소서.

- 월터 브루그만

『주여, 우리에게 임하소서』는 독자 여러분들이 대림절기를 깊이 보내실 수 있도록 비아가 준비한 묵상집 겸 기도노트입니다.

대림절기는 성탄절 전 약 4주간 예수의 탄생과 다시 오심을 기다리는 교회력의 절기입니다. 이 기간 우리는 이미 오신 그리스도를 삶 속에 온전히 받아들이기 위해 우리 자신을 돌아보고, 이 세상을 궁극적으로 완성하는 그분의 시간을 고대하며 기쁨으로 하루를 만들어나갑니다.

물론, 현실은 어둡습니다. 그리고 우리의 나약함이 우리 안에 있는 빛을 보지 못하게 합니다. 혹은, 거부하게 합니다. 하지만 이러한 현실이, 현실을 만들어 내는 우리의 죄가 저 빛을 감출 수는 없습니다. 가둘 수도 없습니다. 그 빛은 2,000년 전 이 땅에 모습을 드러냈고 이 땅에 지울 수 없는 자신의 손길을 아로새겼습니다. 그리고 우리가 기쁠 때나 슬플 때나, 들떠 오를 때나 가라앉을 때나, 안정에 만족할 때나, 거짓 불안에 불만족스러워할 때나 늘, 변함없이 우리를 어루만지고 때로는 뒤흔듭니다. 그리하여 이 빛은 우리 안에 이미 자리한 영원의 흔적을 상기하고, 영원을 향한 갈망을 불러일으킵니다. 이러한 의미에서 대림절은 우리 안에 이미 자리한 영원의 흔적을 기억해내고 이 영원의 빛이 여전히 우리와 함께 있음을 기뻐하며 그 빛이 충만해지기를 고대하는 시간, 기억과 기쁨이라는 새로운 습관을 몸에 익히는 시간이라 할 수 있습니다. 빛이 이 세상에 왔기 때문입니다.

『주여, 우리에게 임하소서』는 성탄의 의미를 묵상할 수 있는 성서정과와 본문들을 수록하여 독자 여러분이 대림절기와 성탄, 그리고 공현일(주현절)까지의 여정을 함께 할 수 있도록 짜여져 있습니다. 이 책이 우리의 기다림에 떨림을 줄 수 있게 되기를 바랍니다.

주님이 임하십니다.
그가 우리를 위해 이 땅에 임하십니다.

홀로 기도할 때

1. 당일 본문에 책 끈을 꽂고, 맨 앞의 기도문을 폅니다.
2. 침묵으로 기도를 준비합니다.
3. 기도문을 천천히 읽으며 기도합니다.
4. 성서 독서와 묵상 본문을 읽을 때 해당 날짜에 해당하는 페이지를 폅니다.
5. 성서 독서와 묵상 본문을 읽고 잠시 침묵합니다.
6. 자신의 묵상 내용을 '나의 묵상'에, 자신의 기도를 '나의 기도'에 적습니다. 잠시 침묵합니다.
7. 다시 기도문으로 돌아와 기도를 드리고 마칩니다.

함께 기도할 때

1. 인도자는 해당 날의 성서 구절과 묵상을 미리 읽고 준비합니다.
2. 공동체 기도는 기도 노트 앞에 있는 기도문을 활용하거나 적절한 다른 양식을 활용할 수도 있습니다.
3. 참여자들이 모두 모이면 침묵으로 기도를 시작합니다.
4. 이후 준비한 기도문에 따라 함께 기도합니다(기도문의 내용은 인도자의 판단에 따라 축약하거나 추가할 수 있습니다).
5. 순서에 따라 성서 독서와 묵상 본문을 읽고 잠시 침묵합니다.
6. 각자의 묵상 내용을 오른 편에 배치된 '나의 묵상'에 적고, 잠시 침묵합니다.
7. 인도자의 안내에 따라 돌아가며 자신이 적은 내용을 나눕니다(내용을 나눌 때, 다른 이들의 이야기를 교정하거나 판단하는 태도가 되지 않도록 주의합니다).*
8. 나눔이 끝나면 잠시 침묵하며 '나의 기도'를 적습니다. 묵상 나눔과 마찬가지로 각자의 기도를 나눕니다.*
9. 이후 기도문에 따라 함께 기도하고 마칩니다.

*은 참가자의 의향에 따라 하지 않을 수 있습니다.

기도문

✠ 대림절기 아침기도

시작송가

주여, 우리 입을 열어 주소서.

우리가 주님을 찬미하리이다.

주여, 우리를 어서 구원하소서.

우리를 속히 도와주소서.

영광이 성부와 성자와 성령께

처음과 같이 지금도 그리고 영원히, 아멘.

아래의 시편 중 하나를 선택합니다.

시편 95편

어서 와 주님께 기쁜 노래 부르자.

우리 구원의 바위 앞에서 환성을 올리자.

감사노래 부르며 그 앞에 나아가자.

노랫가락에 맞추어 환성을 올리자.

주님은 높으신 분,

모든 신들을 거느리시는 높으신 임금님,

깊고 깊은 땅 속도 그분 수중에,

　　높고 높은 산들도 그분의 것,

바다도 그의 것, 그분의 만드신 것,

　　굳은 땅도 그분 손이 빚어내신 것,

어서 와 허리 굽혀 경배드리자.

　　우리를 지으신 주님께 무릎을 꿇자.

그는 우리의 아버지, 우리는 그의 기르시는 백성,

　　이끄시는 양떼, 오늘 너희는 그의 말씀을 듣게 되리라.

영광이 성부와 성자와 성령께

　　처음과 같이 지금도 그리고 영원히, 아멘.

시편 100편

온 세상이여, 주님께 환성을 올려라.

　　마음도 경쾌하게 주님을 섬겨라.

기쁜 노래 부르며 그분께 나아가거라.

　　그분이 주님이심을 알아라.

그가 우리를 내셨으니, 우리는 그의 것, 그의 백성,

　　그가 기르시는 양떼들이다.

감사기도 드리며 성문으로 들어가거라.

　　찬양노래 부르며 뜰 안으로 들어가거라.

주님 어지시니 감사기도 드리며

그 이름을 기리어라.

그의 사랑 영원하시니

그 성실하심 대대에 이르리라.

영광이 성부와 성자와 성령께

처음과 같이 지금도 그리고 영원히, 아멘.

오늘의 시편

오늘 날짜에 해당하는 시편 본문을 읽습니다.

시편 낭송 후에는 아래 송영을 합니다.

영광이 성부와 성자와 성령께

처음과 같이 지금도 그리고 영원히, 아멘.

오늘의 성서

오늘 날짜에 해당하는 성서 본문을 읽습니다.

함께 기도할 때는 본문을 읽기 전 아래와 같이 안내합니다.

오늘의 성서는 (   )의 말씀입니다.

본문을 읽은 후 다음과 같이 말합니다.

주님의 말씀입니다.
주님께 감사합니다.

독서 후 송가

본문을 읽고 사가랴 송가를 합니다.
두 개의 본문을 읽은 경우, 처음 읽은 본문 후에는 사가랴 송가를,
두 번째 본문 후에는 이사야 첫째 송가를 합니다.

사가랴 송가(눅 1:68~79)
이스라엘의 거룩하신 주님을 찬미하여라!
그 백성을 돌아보시어 구원하시고,
우리를 위하여 주님의 종 다윗 가문에
전능하신 구세주를 세우셨습니다.
이는 주님께서 예로부터
예언자들을 통하여 말씀하신 것이며,

우리를 원수로부터 구하시고

그 손아귀에서 벗어나게 하려 하심입니다.

주께서 우리 조상들에게 자비를 베푸시어

그 거룩하신 언약을 기억하시고,

우리 조상 아브라함에게 맹세하신 대로

우리를 원수의 손에서 구해내셨습니다.

두려움 없이 주님을 섬기며

한 평생을 거룩하고 올바르게 살게 하셨습니다.

아가야, 너는 지극히 높으신 주님의 예언자가 되리니,

그분보다 앞서 그분의 길을 닦으며,

그분의 백성에게 그 구원을 알게 하여

주님의 용서하심을 얻게 하여라.

이는 주님의 인자하심 덕분이니

새벽빛이 위로부터 우리에게 비추시어

어둠과 죽음의 그늘 속에 사는 사람들에게 빛을 주시고

평화의 길로 이끌어 주시리라.

영광이 성부와 성자와 성령께

처음과 같이 지금도 그리고 영원히, 아멘.

이사야 첫째 송가(사 12:2~6)

진정 나를 구원하실 분은 주님이시니,

　　내가 그를 의지하고 두려워하지 않으리라.

주님은 나의 힘, 나의 노래이시며,

　　나의 구원이십니다.

그러므로 너희는 기뻐하며,

　　구원의 샘에서 물을 길으리라.

그 날, 너희는 이렇게 감사의 노래를 부르리라.

　　주님께 감사하여라. 그의 이름을 외쳐 불러라.

그가 하신 큰 일을 만민에게 알려라,

　　그 높으신 이름을 잊지 않게 하여라.

그가 큰 일을 하셨으니 주님을 찬양하며,

　　그 모든 일을 온 세상에 알려라.

수도 시온아, 기뻐 외쳐라.

　　너희가 기릴 분은 이스라엘 거룩하신 분이시다.

영광이 성부와 성자와 성령께

　　처음과 같이 지금도 그리고 영원히, 아멘.

묵상과 기도 나눔

읽은 본문을 묵상합니다. 함께 기도했다면 묵상 후 나눔을 할 수 있습니다.
이후 각자가 속한 전통에 따라 사도신경을 고백하고, 주기도문을 드립니다.

아침을 맞으며 드리는 기도

전능하시고 영원하신 주님,
지난 밤에도 우리를 지켜주셨나이다.
비오니, 우리가 오늘 하루의 삶에서
주님의 뜻을 이루도록 이끄시고,
우리를 보호하시어 죄에 빠지지 않게 하시며,
모든 어려움에서 구하소서.
우리 주 예수 그리스도의 이름으로 기도하나이다. 아멘.

끝기도

우리 주 예수 그리스도의 은총과,
거룩하신 아버지의 끝이 없는 사랑과,
모두를 하나 되게 하시는 성령의 역사가
우리 모두와 함께 하소서.
아멘.

✠ 저녁기도

시작송가

주여, 우리 입을 열어 주소서.

우리가 주님을 찬미하리이다.

주여, 우리를 어서 구원하소서.

우리를 속히 도와주소서.

영광이 성부와 성자와 성령께

처음과 같이 지금도 그리고 영원히, 아멘.

은혜로운 빛이여

은혜로운 빛이여,

하늘에 계시며 영원하신 성부의 찬란한 빛이여,

거룩하시고 복되시도다. 주 예수 그리스도여!

해 저무는 이 때에, 우리는 황혼 빛을 바라보며,

주님께 찬양의 노래를 부르나이다.

하나이신 성부 성자 성령이여!

주님은 언제나 찬양 받으시기에 합당하시오니,

생명을 주시는 성자여,

온 세상으로부터 영광 받으소서.

오늘의 시편

오늘 날짜에 해당하는 시편 본문을 읽습니다(아침기도에서 읽었다면 생략할 수 있습니다). 시편 낭송 후에는 아래 송영을 합니다.

영광이 성부와 성자와 성령께
처음과 같이 지금도 그리고 영원히, 아멘.

오늘의 성서

오늘 날짜에 해당하는 성서 본문을 읽습니다.
함께 기도할 때는 본문을 읽기 전 아래와 같이 안내합니다.

오늘의 성서는 (   )의 말씀입니다.

본문을 읽은 후 다음과 같이 말합니다.

주님의 말씀입니다.
주님께 감사합니다.

독서 후 송가

마리아의 노래(눅 1:46~55)

내 영혼이 주님을 찬양하오며,

내 마음이 나를 구원하신 주님을 기뻐합니다.

주님께서 여종의 비천함을 돌보셨으니,

이제부터 온 백성이 나를 복되다 할 것입니다.

전능하신 분께서 내게 큰 일을 행하셨으니

주님의 이름 거룩하십니다.

주님을 두려워하는 이들에게는

대대로 구원의 자비를 베푸십니다.

주님께서 전능하신 팔을 펼치시어,

마음이 교만한 자들을 흩으셨습니다.

권세 있는 자들을 그 자리에서 내치시고,

보잘것없는 이들을 높이셨습니다.

굶주린 사람을 좋은 것으로 배불리시고,

부유한 사람을 빈손으로 돌려보내셨습니다.

주님은 약속하신 자비를 기억하시어,

주님의 종 이스라엘을 도우셨습니다.

주님께서 우리 조상들에게 약속하신 대로,

아브라함과 그 후손에게 영원토록 자비를 베푸십니다.

영광이 성부와 성자와 성령께

처음과 같이 지금도 그리고 영원히, 아멘.

성탄 일주일 전인 12월 17일부터는 해당하는 날짜의 송영으로 마칩니다.

12월 17일: 오, 지혜, 지극히 높으신 분에게서 나오신

만물의 주재이신 지혜의 주님,

오시어 우리에게 현명함을 가르치소서.

12월 18일: 오, 우리의 주인 되시는 분,

모세에게 나타나시어

율법을 주신 이스라엘의 주님,

오시어 넓은 팔을 뻗어 우리를 구원하소서.

12월 19일: 오, 이새의 뿌리, 만민을 구할 표징이 되시는

주님, 당신 앞에서 왕들은 잠잠하며, 온 나라

가 당신께 간구하오니,

오시어 우리를 속히 구원하소서.

12월 20일: 오, 다윗의 열쇠, 이스라엘의 기둥.

닫힌 모든 것을 여시고,

닫으신 모든 것은 굳게 잠기게 하시는 주님,

오시어 어둠 속에 있는 이들과

죽음의 그림자에 갇힌 이들을 풀어내소서.

12월 21일: 오, 새벽별,

찬란한 광채이시며 정의의 태양이신 주님,

오시어 어둠 속에 있는 이들과

죽음의 그림자에 갇힌 이들을 비추소서.

12월 22일: 오, 만왕의 왕,

흩어진 것을 하나로 모으시는 주님,

오시어 당신께서 손수 만드신 인간을 구원하소서.

12월 23일: 오, 임마누엘,

우리의 왕이시며 우리의 주권자이신 주님,

열방의 희망이시며 모든 이들을

구원하시는 주님,

오시어 우리를 구하소서. 주여, 우리를 구하소서.

묵상과 기도 나눔

읽은 본문을 묵상합니다. 함께 기도했다면 묵상 후 나눔을 할 수 있습니다.
이후 각자가 속한 전통에 따라 사도신경을 고백하고, 주기도문을 드립니다.

하루를 마치며 드리는 기도

　　살아있는 모든 이들의 생명이시며,

　　믿는 이들의 빛이시며,

　　일하는 이들의 힘이시며,

　　죽은 이들의 안식이 되시는 주님,

　　우리에게 주신 오늘을 마치며 주님께 구하오니,

　　오늘 밤에도 우리를 보호하시고,

　　복된 내일을 허락하소서.

　　삶의 모든 순간, 우리의 정결한 마음과

　　올바른 판단과 의로운 행동은

　　당신께로부터 오는 것이니,

　　우리가 당신의 계명을 순종하여

　　그 안에서 평화를 누리게 하소서.

　　우리를 위해 죽으시고 부활하신

　　우리 주 예수 그리스도의 이름으로 기도하나이다. 아멘.

끝기도

우리 주 예수 그리스도의 은총과,

거룩하신 아버지의 끝이 없는 사랑과,

모두를 하나 되게 하시는 성령의 역사가

우리 모두와 함께 하소서.

아멘.

✠ 12월 24일 성탄 전 아침기도

여는 시편(시 57:8~11)

내 영혼아, 잠을 깨어라,

비파야, 거문고야, 잠을 깨어라.

잠든 새벽을 흔들어 깨우리라.

　주여, 당신을 뭇 백성 가운데에서 찬양하리이다.

　뭇 나라 가운데에서 당신께 노래하리이다.

당신의 크신 사랑 하늘에까지 미치고,

당신의 미쁘심은 구름에 닿았습니다.

　주여, 하늘 높이 나타나시어

　당신의 영광을 이 땅에 떨치소서.

사가랴의 예언

본문을 읽기 전, 아래 구절을 낭독하거나 묵상합니다.

　　당신을 경외하는 자에게는 구원이 정녕 가까우니

　　그의 영광이 우리 땅에 깃들이시리라.

아래 본문을 낭독하거나 묵상합니다.

요한의 아버지 사가랴가 성령으로 충만하여, 이렇게 예언하였다. "이스라엘의 주님은 찬양받으실 분이시다. 그는 자기 백성을 돌보아 속량하시고, 우리를 위하여 능력 있는 구원자를 자기의 종 다윗의 집에 일으키셨다. 예로부터 자기의 거룩한 예언자들의 입으로 주님께서 말씀하신 대로 우리를 원수들에게서 구원하시고, 우리를 미워하는 모든 사람들의 손에서 건져내셨다. 주님께서 우리 조상에게 자비를 베푸시고, 자기의 거룩한 언약을 기억하셨다. 이것은 주님께서 우리에게 주시려고 우리 조상 아브라함에게 하신 맹세이니, 우리를 원수들의 손에서 건져주셔서 두려움이 없이 주님을 섬기게 하시고, 우리가 평생 동안 주님 앞에서 거룩하고 의롭게 살아가게 하셨다. 아가야, 너는 더없이 높으신 분의 예언자라 불릴 것이니, 주님보다 앞서 가서 그의 길을 예비하고, 죄 사함을 받아서 구원을 얻는 지식을 그의 백성에게 가르쳐 줄 것이다. 이것은 우리 주님의 자비로운 심정에서 오는 것이다. 그는 해를 하늘 높이 뜨게 하셔서, 어둠 속과 죽음의 그늘 아래에 앉아 있는 사람들에게 빛을 비추게 하시고, 우리의 발을 평

화의 길로 인도하실 것이다." (눅 1:67~79)

당신을 경외하는 자에게는 구원이 정녕 가까우니
그의 영광이 우리 땅에 깃들이시리라.

묵상과 기도 나눔

읽은 본문을 묵상합니다. 함께 기도했다면 묵상 후 나눔을 할 수 있습니다.
이후 각자가 속한 전통에 따라 사도신경을 고백하고, 주기도문을 드립니다.

성탄을 기다리는 아침기도

내 영혼아, 잠잠히 주님만을 기다려라.
나의 희망은 오직 그분께 있다. (시 62:5)

기다리는 주여, 속히 오소서.
오셔서 주님의 크신 사랑과 은총으로
우리를 무거운 죄의 사슬에서 풀어주시고,
주님께서 정하신 길을 달려가게 하시어
구원의 기쁨을 맛보게 하소서.
어둠을 물리치시는 참 빛이신
예수 그리스도의 이름에 의지하여 기도하나이다. 아멘.

끝기도

　　세상을 비추시는 우리 주 예수 그리스도의 은총과,

　　아들을 보내신 아버지의 흘러넘치는 사랑과,

　　구원을 이루어가시는 성령의 역사가

　　주님의 오심을 간절히 기다리는

　　우리 모두와 함께 하소서.

　　아멘.

✠ 12월 24일 **성탄 밤 기도**

전통적으로 교회는 해가 지는 시간부터 하루가 시작한다고 보았습니다.
이에 12월 24일 밤을 '성탄 밤'이라고 불렀습니다.
그래서 12월 24일 저녁 기도는 성탄일의 첫 전례가 됩니다.

여는 시편(시 67편)

주여, 우리를 어여삐 보시고, 복을 내리소서.
웃는 얼굴을 우리에게 보여주소서.

　세상이 당신의 길을 알게 하시고
　만방이 당신의 구원을 깨닫게 하소서.

당신께서 열방을 공평하게 다스리시고
온 세상 백성들을 인도하심을

　만백성이 기뻐 노래하며 기리게 하소서.

주여, 백성들이 당신을 찬양하게 하소서.
만백성이 당신을 찬양하게 하소서.

　주여, 우리에게 복을 내리소서.
　온 세상 땅 끝까지 당신을 두려워하게 하소서.

성탄 밤 시편(시 96편)

새 노래로 주님께 노래하여라.

온 땅아, 주님께 노래하여라.

　주님께 노래하며, 그 이름에 영광을 돌려라.

　그의 구원을 날마다 전하여라.

그의 영광을 만국에 알리고

그가 일으키신 기적을 만민에게 알려라.

　주님은 위대하시니, 그지없이 찬양 받으실 분이시다.

　어떤 신들보다 더 두려워해야 할 분이시다.

만방의 모든 백성이 만든 신은 헛된 우상이지만,

주님은 하늘을 지으신 분이시다.

　주님 앞에는 위엄과 영광이 있고,

　주님의 성소에는 권능과 아름다움이 있다.

만방의 민족들아, 주님을 찬양하여라.

주님의 영광과 권능을 찬양하여라.

　주님의 이름에 어울리는 영광을 주님께 돌려라.

　예물을 들고, 성전 뜰로 들어가거라.

거룩한 옷을 입고, 주님께 경배하여라.

온 땅아, 그 앞에서 떨어라.

모든 나라에 이르기를

"주님께서 다스리시니,

세계는 굳게 서서, 흔들리지 않는다.

주님이 만민을 공정하게 판결하신다" 하여라.

하늘은 즐거워하고, 땅은 기뻐 외치며,

바다와 거기에 가득 찬 것들도 다 크게 외쳐라.

들과 거기에 있는 모든 것도 다 기뻐하며 뛰어라.

그러면 숲 속의 나무들도 모두 즐거이 노래할 것이다.

주님이 오실 것이니,

주님께서 땅을 심판하러 오실 것이니,

주님은 정의로 세상을 심판하시며,

그의 진실하심으로 뭇 백성을 다스리실 것이다.

영광이 성부와 성자와 성령께,

처음과 같이 지금도 그리고 영원히. 아멘.

성탄 밤 성서독서

많은 이들 앞에서

주께서 나를 구원하신 기쁜 소식을 전하나이다.

내가 입을 다물고 있을 수 없음을 주께서는 아시나이다.

어둠 속에서 고통받던 백성에게서 어둠이 걷힐 날이 온
다. 옛적에는 주님께서 스불론 땅과 납달리 땅으로 멸시
를 받게 버려두셨으나, 그 뒤로는 주님께서 서쪽 지중해
로부터 요단 강 동쪽 지역에 이르기까지, 그리고 이방 사
람이 살고 있는 갈릴리 지역까지, 이 모든 지역을 영화롭
게 하실 것이다. 어둠 속에서 헤매던 백성이 큰 빛을 보았
고, 죽음의 그림자가 드리운 땅에 사는 사람들에게 빛이
비쳤다. "주여, 주님께서 그들에게 큰 기쁨을 주셨고, 그
들을 행복하게 하셨습니다. 사람들이 곡식을 거둘 때 기
뻐하듯이, 그들이 주님 앞에서 기뻐하며, 군인들이 전리
품을 나눌 때 즐거워하듯이, 그들이 당신 앞에서 즐거워
합니다. 당신께서 미디안을 치시던 날처럼, 그들을 내리
누르던 멍에를 부수시고, 그들의 어깨를 짓누르던 통나무
와 압제자의 몽둥이를 꺾으셨기 때문입니다. 침략자의 군
화와 피묻은 군복이 모두 땔감이 되어서, 불에 타 없어질
것이기 때문입니다." 한 아기가 우리를 위해 태어났다.
우리가 한 아들을 모셨다. 그는 우리의 통치자가 될 것이
다. 그의 이름은 '놀라우신 조언자', '전능하신 분', '영존하

시는 아버지', '평화의 왕'이라고 불릴 것이다. (사 9:1~6)

많은 이들 앞에서

주께서 나를 구원하신 기쁜 소식을 전하나이다.

내가 입을 다물고 있을 수 없음을 주께서는 아시나이다.

모든 사람에게 주님의 구원의 은혜가 나타났습니다. 그 은혜는 우리를 교육하여, 경건하지 않음과 속된 정욕을 버리고, 지금 이 세상에서 신중하고 의롭고 경건하게 살게 합니다. 그래서 우리는 복된 소망 곧 위대하신 아버지와 우리 구주 예수 그리스도의 영광이 나타나기를 고대합니다. 그리스도께서는 우리를 위하여 자기 몸을 내주셨습니다. 그것은 우리를 모든 불법에서 건져내시고, 깨끗하게 하셔서, 선한 일에 열심을 내는 백성으로 삼으시려는 것입니다. (딛 2:11~14)

많은 이들 앞에서

주께서 나를 구원하신 기쁜 소식을 전하나이다.

내가 입을 다물고 있을 수 없음을 주께서는 아시나이다.

그 때에 아우구스투스 황제가 칙령을 내려 온 세계가 호적 등록을 하게 되었는데, 이 첫 번째 호적 등록은 구레뇨가 시리아의 총독으로 있을 때에 시행한 것이다. 모든 사람이 호적 등록을 하러 저마다 자기 고향으로 갔다. 요셉은 다윗 가문의 자손이므로, 갈릴리의 나사렛 동네에서 유대에 있는 베들레헴이라는 다윗의 동네로, 자기의 약혼자인 마리아와 함께 등록하러 올라갔다. 그 때에 마리아는 임신 중이었는데, 그들이 거기에 머물러 있는 동안에, 마리아가 해산할 날이 되었다. 마리아가 첫 아들을 낳아서, 포대기에 싸서 구유에 눕혀 두었다. 여관에는 그들이 들어갈 방이 없었기 때문이다. 그 지역에서 목자들이 밤에 들에서 지내며 그들의 양 떼를 지키고 있었다. 그런데 주님의 한 천사가 그들에게 나타나고, 주님의 영광이 그들을 두루 비추니, 그들은 몹시 두려워하였다. 천사가 그들에게 말하였다. "두려워하지 말아라. 나는 온 백성에게 큰 기쁨이 될 소식을 너희에게 전하여 준다. 오늘 다윗의 동네에서 너희에게 구주가 나셨으니, 그는 곧 그리스도 주님이시다. 너희는 한 갓난아기가 포대기에 싸여, 구유에 뉘어 있는 것을 볼 터인데, 이것이 너희에게 주는 표징이다." 갑자기 그 천사와 더불어 많은 하늘 군대가 나타나서, 주를 찬양하여 말하였다. "더없이 높은 곳에서는 주께 영광이요, 땅에서는 그분께서 좋아하시는 사람들에게 평화로다." 천사들이 목자들에게서 떠나 하늘로 올라간 뒤에, 목자들이 서로 말하였다. "베들레헴으로 가서, 주님께서 우리에게 알려주신 바, 일어난 그 일을 봅시다." 그리고 그들은 급히 달려가서, 마리아와 요셉과 구유에 누워 있는 아기를 찾아냈다. 그들은 이것을 보고 나서, 이 아기에 관하여 자기들이 들은 말을 사람들에게 알려 주었다. 이것을 들은 사람들은 모두 목자들이 그들에게 전해준 말을 이상히 여겼다. 마리아는 이 모든 말을 고이 간직하고, 마음 속에 곰곰이 되새겼다. 목자들은 자기들이 듣고 본 모든 일이 자기들에게 일러주신 그대로임을 알고, 돌아가면서 주님께 영광을 돌리며 그를 찬미하였다. (눅 2:1~20)

주님께서 오신다.

그가 땅을 심판하러 오시니,

주님 앞에 환호성을 올려라.

그가 정의로 세상을 심판하시며,

뭇 백성을 공정하게 다스리실 것이다.

묵상과 기도 나눔

읽은 본문을 묵상합니다. 함께 기도했다면 묵상 후 나눔을 할 수 있습니다. 이후 각자가 속한 전통에 따라 사도신경을 고백하고, 주기도문을 드립니다.

성탄 밤에 드리는 기도

새 노래로 주님을 찬양하여라. 놀라운 기적들을 이루셨다. 그의 오른손과 거룩하신 팔로 승리하셨다. 주께서 그 거두신 승리를 알려주시고 당신의 정의를 만백성 앞에 드러내셨다. 이스라엘 가문에 베푸신다던 그 사랑과 그 진실을 잊지 않으셨으므로 땅 끝까지 모든 사람이 우리 주님의 승리를 보게 되었다. (시 98:3)

주여, 주께서는 거룩한 밤을 참 빛으로 비추시고, 우리에게 구원의 희망을 나타내셨나이다. 비오니, 우리로 하여금 이 빛을 세상에 전하게 하시어 온 세상이 주님의 빛으로 가득하게 하소서. 세상을 비추시는 예수 그리스도의 이름으로 기도하나이다. 아멘.

끝기도

　세상을 비추시는 우리 주 예수 그리스도의 은총과,

　아들을 보내신 아버지의 흘러넘치는 사랑과,

　구원을 이루어가시는 성령의 역사가

　우리 모두와 함께 하소서.

　아멘.

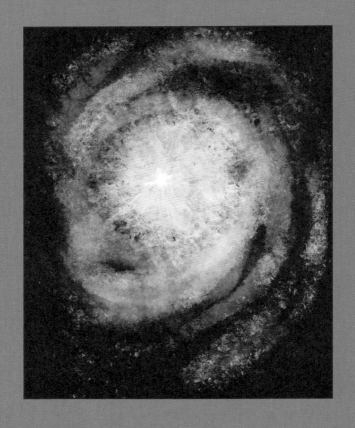

태초에 '말씀'이 계셨다. 그 '말씀'은 거룩하신 아버지와 함께 계셨다.
모든 것이 그로 말미암아 창조되었으니, 그가 없이 창조된 것은 하나도 없다.
창조된 것은 그에게서 생명을 얻었으니, 그 생명은 사람의 빛이었다.
그 빛이 어둠 속에서 비치니, 어둠이 그 빛을 이기지 못하였다

우리의 영혼을 양육하는 유일한 스승은
오직 그분뿐입니다.
그리스도는 각각의 수준과 성향에 맞추어
모든 영혼을 길러내십니다.
어느 곳이든지, 주님께서는 생명을 불어넣는
그분의 신비를 가져다주십니다.
그분께서 주시는 신비는 마치 내 집처럼 포근하게,
이 세계와 저 세계를 함께 엮으며
우리에게 다가옵니다.

이른바 "순수한 영성" 따위를 찾아 헤매는
오만한 사람에게 이만한 교훈은 없습니다.
그분은 오만한 이들이 생각하는 것처럼
추상적이고 난해한 분이 아닙니다.
그분은 모두가 이 신비를 알도록
비유로 말씀하시고, 계시를 주십니다.
모든 사람에게 다가가시되 지나치심이 없고,
몰아세우지도 않으시며, 이해시키기 위해
조급해하지도 않으십니다.

우리는 서두르지 않으면서도 지체하지 않는,
장인과 같은 그분의 속도와 리듬을 익혀야 합니다.

그리스도는 당신의 진리를 기꺼이 계시하심으로써
우리 영혼이 그분의 신비를 맞이할 준비를
갖추도록 하시고,
그 다음에는 그저 은총에 맡기십니다.

그저 은총이 역사하여 우리를 이끌도록,
우리에게 넉넉한 자비심과 함께 빛을 가져다주도록
맡기시고 결과를 궁금해하지 않으십니다.

그리스도는
"보라, 내가 이리도 많은 영혼을 구원했구나"라고
자랑하지 않으십니다.
자기 공로를 거두기 위해 애쓰지 않고
그분의 은총에 맡기는 것,
그것이 십자가 곁에서의 자기-비움입니다.

- 이블린 언더힐

대림
제1주

�֍ 성서정과

사 2:1~5 / 시 122 / 롬 13:11~14 / 마 24:36~44

여러분은 지금이 어느 때인지 압니다.

잠에서 깨어나야 할 때가 벌써 되었습니다.

지금은 우리의 구원이

우리가 처음 믿을 때보다 더 가까워졌습니다.

밤이 깊고, 낮이 가까이 왔습니다.

그러므로 우리는 어둠의 행실을 벗어버리고,

빛의 갑옷을 입읍시다.

낮에 행동하듯이, 단정하게 행합시다.

호사한 연회와 술취함, 음행과 방탕,

싸움과 시기에 빠지지 맙시다.

주 예수 그리스도로 옷을 입으십시오.

정욕을 채우려고 육신의 일을 꾀하지 마십시오. (롬 13:11~14)

🎴 묵상

우리 시대의 어둠은 깊습니다. 우리의 땅과 모든 땅과 우리 모두의 어둠이 깊습니다. 그리고 우리에게 비치는 빛은 밤중에 긴 언덕길을 꼬불꼬불 올라가는 차들의 불빛처럼 우발적이고 손에 잡히지 않습니다. 우리가 본 것은 큰 빛이 아니라 작은 빛일 뿐입니다. 그러나 어쨌든 우리가 이 자리까지 온 것은 언젠가 어디선가 우리 모두를 위해 출애굽이 한 번 일어났고, 무시무시한 바다가 갈라졌고, 속박 상태에서 건짐을 받아, 정신을 차리고 진정한 구원이 어디에 있는지 볼 수 있을 정도는 되었기 때문입니다. 우리를 절망으로 몰아가는 것이 안팎으로 수없이 많고, 종종 우리도 거룩한 성전을 황폐하게 만든 이들의 무리에 끼지만, 그럼에도 우리가 이 자리에 있는 것은 성전이 결코 가둘 수 없는 분이 그런 우리를 한 번도 포기한 적이 없기 때문입니다. 여러분의 삶에서 그분의 소리가 들리는지 귀를 기울여보십시오. 빛과 사랑과 생명은 어둠 속에서도 있으니 찾아보십시오. 그분은 우리 각 사람의 이름을 아시니까요.

— 프레드릭 비크너

🫗 나의 묵상

🫗 나의 기도

✴ 성서정과

사 4:2-6 / 시 122 / 마 8:5-12

그 날이 오면, 주님께서 돋게 하신 싹이 아름다워지고 영화롭게 될 것이며, 이스라엘 안에 살아 남은 사람들에게는, 그 땅의 열매가 자랑거리가 되고 영광이 될 것이다. ... 주님께서 딸 시온의 부정을 씻어 주시고, 심판의 영과 불의 영을 보내셔서, 예루살렘의 피를 말끔히 닦아 주실 것이다. 그런 다음에 주님께서는, 시온 산의 모든 지역과 거기에 모인 회중 위에, 낮에는 연기와 구름을 만드시고, 밤에는 타오르는 불길로 빛을 만드셔서, 예루살렘을 닫집처럼 덮어서 보호하실 것이다. 주님께서는 예루살렘을 그의 영광으로 덮으셔서, 한낮의 더위를 막는 그늘을 만드시고, 예루살렘으로 폭풍과 비를 피하는 피신처가 되게 하실 것이다. (사 4:2-6)

📖 묵상

오, 사랑의 주 아버지! 당신은 지금 세상에서 현명하고 이성적이라는 사람들이 당신의 이름을 어떻게 더럽히고 있는지 잘 보고 계십니다. 그들은 지금 당신께 올려야 마땅한 영광을 가로채 거짓과 마귀에게 바칩니다. 당신 뜻을 온전히 받들어 세상을 잘 다스리라고 주신 힘과 권세, 재물과 영광을 당신의 나라를 거스르고 맞서며 사리사욕을 채우는 데 오용하고 있습니다. 그런데 당신 나라의 백성은 너무 적고 연약하고 위축되어 있습니다. 그러니 저들이 우리를 멸시하고 괴롭히며 훼방합니다. 가련한 사람들을 괴롭히면서 자기들이야말로 주님을 가장 잘 섬기는 사람이라고 착각합니다.

사랑의 주 아버지! 이들을 돌이켜 세워 주시고, 막아 주소서. 이들을 돌이켜 당신 나라의 자녀와 지체가 되게 하소서. 그리하여 그들이 우리와 함께 진정한 믿음과 거짓 없는 사랑으로 당신을 섬기며, 이미 시작된 당신의 나라를 통해 영원한 나라로 들어가게 하소서. 그러나 주님, 힘과 권세를 엉뚱하게 사용하는 이들은 막아 주소서. 불경한 이들로부터 우리를 막아 주소서. 아멘.

— 마르틴 루터

🏺 나의 묵상

🏺 나의 기도

✤ 성서정과

바로 그 때에 예수께서 성령을 받아 기쁨에 넘쳐서 이렇게 말씀하셨다.
"하늘과 땅의 주님이신 아버지, 지혜롭다는 사람들과 똑똑하다는 사람들
에게는 이 모든 것을 감추시고 오히려 철부지 어린이들에게 나타내 보이
시니 감사합니다. 그렇습니다, 아버지! 이것이 아버지께서 원하신 뜻이었
습니다. 아버지께서는 모든 것을 저에게 맡겨주셨습니다. 아들이 누구인
지는 아버지만이 아시고 또 아버지가 누구신지는 아들과 또 그가 아버지
를 계시하려고 택한 사람만이 알 수 있습니다." 그리고 예수께서 돌아서
서 제자들에게 따로 말씀하셨다. "너희가 지금 보는 것을 보는 눈은 행복
하다. 사실 많은 예언자와 제왕들도 너희가 지금 보는 것을 보려고 했으
나 보지 못하였고 너희가 듣는 것을 들으려고 했으나 듣지 못하였다."

(눅 10:21~24)

📖 묵상

구약성서는 유대인들이 갖고 있던 근본적인 두려움을 보여 줍니다.
'주여, 우리에게서 돌아서지 마십시오.' 이는 최상의, 궁극적 기도입
니다. 구약성서에서 사람들은 모든 것을 견디지만, 주님이 돌아서시
는 것만은 견디지 못합니다. 그분의 분노와 우렁찬 예언과 단죄의 위

협이 있지만, 그래도 그분은 여전히 말씀을 하십니다. 그분은 극단적인 엄격함, 무시무시한 위대함 속에서 백성을 택하셨고 사랑하셨으며 이스라엘을 떠받친 주님으로 남아계십니다. 그분의 분노 너머에서 백성은 약속된 구원을 봅니다. 무서운 얼굴 뒤에서 사랑의 모습을 보고, 단죄의 말씀 건너편에서 약속의 말씀을 듣습니다. 주님은 당신의 백성을 버리고 지옥에 떨어뜨리는 분이 아닙니다. 그분의 결정이 아무리 가혹하다 할지라도, 그 결정은 그분의 사랑 안쪽에 늘 위치합니다. 그렇게 그분과의 관계가 존재하는 한, 만물은 구원을 받습니다.

— 자끄 엘륄

🍎 나의 묵상

🕯 나의 기도

✳ 성서정과

사 25:6~10 / 시 23 / 마 15:29-37

주님은 나의 목자시니, 내게 부족함 없어라.

나를 푸른 풀밭에 누이시며 쉴 만한 물가로 인도하신다.

나에게 다시 새 힘을 주시고,

당신의 이름을 위하여 바른 길로 나를 인도하신다.

내가 비록 죽음의 그늘 골짜기로 다닐지라도,

주님께서 나와 함께 계시고,

주님의 막대기와 지팡이로 나를 보살펴 주시니,

내게는 두려움이 없습니다.

주님께서는, 내 원수들이 보는 앞에서

내게 잔칫상을 차려 주시고, 내 머리에 기름 부으시어

나를 귀한 손님으로 맞아 주시니, 내 잔이 넘칩니다.

진실로 주님의 선하심과 인자하심이 내가 사는 날 동안 나를 따르리니,

나는 주님의 집으로 돌아가 영원히 그 곳에서 살겠습니다. (시 23)

📖 묵상

복음은 모든 생명의 생명이 되신 분, 생명 그 자체이신 분, 빛이고 사
랑이며 지혜인 영원하신 분을 마주하는 그 '나라'로 우리를 부릅니다.

복음은 인간이 그분과 만나, 그분을 알고, 기쁨으로 또 사랑으로 자신을 그분께 바칠 때 그 나라가 시작된다고 이야기합니다. 복음은 우리 삶이 그분의 빛으로 가득할 때, 그분에 대한 앎, 그분께 받은, 그리고 그분을 향한 사랑으로 가득할 때 그 나라가 임한다고 이야기합니다. 그리고 복음은 이 거룩한 생명 가득한 삶을 사는 이에게는 모든 것이, 죽음까지를 포함한 모든 것이 새로운 빛 속에 드러나게 되리라고, 지금 여기의 삶이 영원 그 자체로, 즉 그분 자신으로 채워 지리라고 말합니다.

— 알렉산더 슈메만

👜 나의 묵상

🪔 나의 기도

✤ 성서정과

사 26:1~6 / 시 118:18-27 / 마 7:21, 24-27

내가 한 말을 듣고 그대로 실행하는 사람은 반석 위에 집을 짓는 슬기로 운 사람과 같다. 비가 내려 큰물이 밀려오고 또 바람이 불어 들이쳐도 그 집은 반석 위에 세워졌기 때문에 무너지지 않는다. 그러나 지금 내가 한 말을 듣고도 실행하지 않는 사람은 모래 위에 집을 짓는 어리석은 사람과 같다. 비가 내려 큰물이 밀려오고 또 바람이 불어 들이치면 그 집은 여지 없이 무너지고 말 것이다." (마 7:24-27)

🍲 묵상

마술은 교통사고를 막기 위해 자동차에 예수 스티커를 붙이는 것, 천 국에 가기 위해 교회에 다니는 것입니다. 눈에 보이지 않는 힘을 조종 하는 기술, 조작하는 것이 마술입니다. 마술은 내 뜻대로 이루어지라 고 말합니다. 그러나 참된 종교는 간청이고, '당신의 뜻을 이루소서' 라고 말합니다. 참된 종교는 내가 원하는 방식으로 응답받지 못하거 나, 아예 응답받지 못할 수도 있습니다. 예수는 천국에 들어가려면 하 늘에 계신 아버지 뜻대로 행해야 한다고 말씀하셨습니다. 그러나 종 교가 이 뜻이 무엇인지 언제나 확신한다고 주장한다면, 그것은 허풍 일 뿐입니다. 마술은 언제나 확신합니다.   — 프레데릭 비크너

🫖 나의 묵상

🌹 나의 기도

성서정과

사 29:17~24 / 시 27:1~4 / 마 9:27~31

그 날이 오면, 듣지 못하는 사람이 두루마리의 글을 읽는 소리를 듣고, 어둠과 흑암에 싸인 눈 먼 사람이 눈을 떠서 볼 것이다. 천한 사람들이 주님 안에서 더없이 기뻐하며 사람들 가운데 가난한 사람들이 이스라엘의 거룩하신 분 안에서 즐거워할 것이다. 포악한 자는 사라질 것이다. 비웃는 사람은 자취를 감출 것이다. 죄 지을 기회를 엿보던 자들이 모두 끝장 날 것이다. (사 29:18~20)

묵상

이 세상이 시작되던 그 아침에 나는 춤을 추었네.

달과 별, 태양에서도 나는 춤을 추었네.

하늘에서 이 땅으로 내려와 나는 춤을 추었네.

내가 태어난 베들레헴에서도 나는 춤을 추었네.

춤을 추어라. 너가 어디 있든지 나는 춤의 왕.

네가 어디 있든지 나 너를 인도하리라.

내가 너를 춤추게 하리라. 그분이 말씀하셨네.

경건하다는 사람들 나를 비난했고

채찍질로 내 옷을 벗기고 높은 곳에 날 매달아

십자가에 죽게 내버려 두었네.

그들은 나를 찌르고 높은 곳에 매달았지만

나는 생명, 결코 죽지 않노라.

네가 내 안에 살면, 나 또한 네 안에 살리라.

나는 춤의 왕. 그분이 말씀하셨네.

— 시드니 카터

🫖 나의 묵상

🌹 나의 기도

✤ 성서정과

사 30:19-21, 23-26 / 시 146:5-10 / 마 9:35-10:1, 5-8

네가 땅에 씨앗을 뿌려 놓으면, 주님께서 비를 내리실 것이니, 그 땅에서 실하고 기름진 곡식이 날 것이다. 그 때에 너의 가축은 넓게 트인 목장에서 풀을 뜯을 것이다. 밭 가는 소와 나귀도 아무것이나 먹지 않고, 키와 부삽으로 까부르고 간을 맞춘 사료를 먹을 것이다. 큰 살육이 일어나고 성의 탑들이 무너지는 날에, 높은 산과 솟은 언덕마다 개울과 시냇물이 흐를 것이다. 주님께서 백성의 상처를 싸매어 주시고, 매 맞아 생긴 그들의 상처를 고치시는 날에, 달빛은 마치 햇빛처럼 밝아지고, 햇빛은 일곱 배나 밝아져서 마치 일곱 날을 한데 모아 놓은 것 같이 밝아질 것이다.

(사 30:23~26)

📖 묵상

주님, 넋이 나간 우리를 용서하소서. 우리는 자신을 속이고 현혹하면서 헛된 곳을 찾아 집을 짓고 살아왔습니다.

참으로 오늘 우리가 만나는 당신은 자비로우시고 한결같으신 분, 우리가 의지할 반석, 우리와 함께, 우리를 위해 인내하는 분이십니다. 어둠 속에 몸을 감추고 있던 우리는 지금 우리에게 다가오시는 당신이 우리가 기억하는 당신이기를 간구합니다.

언제나 주님이셨던 주님, 오늘도 우리에게 주님이 되소서. 언제나 주님이셨던 주님, 우리가 상상하지도 못했던 모습으로 오소서. 우리가 꿈속에서도 하지 못했던 일들을 이루게 하소서. 자유롭게, 거리낌도 불안도 없이, 기쁨으로 순종케 하소서. 우리가 아닌 당신의 뜻을 이루소서. 아멘.

— 월터 브루그만

🫑 나의 묵상

_____

_____

_____

_____

🪔 나의 기도

_____

_____

_____

_____

헤롯 왕 때에, 예수께서 유대 베들레헴에서 나셨다.
동방으로부터 박사들이 예루살렘에 와서 말하였다.
"유대인의 왕으로 나신 이가 어디에 계십니까?"
헤롯 왕은 이 말을 듣고 당황하였고, 온 예루살렘 사람들도 그와 함께 당황하였다.
그는 사람을 보내어, 그 박사들에게 알아 본 때를 기준으로,
베들레헴과 그 가까운 온 지역에 사는,
두 살짜리로부터 그 아래의 사내아이를 모조리 죽였다.

끔찍한 폭력 가운데
약속하신 아기를 보내주신 당신께 감사드립니다.
우리는 예루살렘의 유산을 이어받은,
베들레헴 마을에 일어난 기적을 노래합니다.
그 순간, 왜 다른 아기들이 무참히 살해당해야 했는지
우리는 이해할 수 없습니다.
다만 우리는 당신의 나라가
폭력과 고통으로 가득 찬 세상 가운데
우리에게 임했음을 알 뿐입니다.

오늘날 여전히 수많은 폭력과 고통이 있습니다.
주님, 당신의 나라가 임해야 할 때입니다.
그래서 우리는 간절한 마음과
크나큰 두려움을 가지고 당신을 기다립니다.
당신이 생각하는 불의는 우리가 생각하는 불의와
일치하지 않을 수 있기 때문입니다.
그럼에도 당신의 나라가 하늘에서와같이
땅에서도 이루어지길 기도합니다.

주님, 우리는 기다림에 지쳤습니다.
우리는 냉소적인 세상에 살면서
우리가 통제할 수 있는 것들에 안주합니다.
하지만 우리 삶의 진정한 주인은
당신임을 알고 있습니다 .
당신의 사랑의 빛을 우리가 보기 한참 전부터
당신은 영원한 사랑으로
우리의 구원을 준비하셨음을 알고 있습니다.
그래서 우리는 먼 옛날 연약한 아기의 몸으로 온,
만물을 새롭게 하는 당신을 기다립니다.
아멘.

- 월터 브루그만

대림
제2주

✣ 성서정과

사 11:1~10 / 시 72:1~7, 18~19 / 롬 15:4~13 / 마 3:1~12

무엇이든지 전에 기록한 것은, 우리에게 교훈을 주려고 한 것이며, 성경이 주는 인내와 위로로써, 우리로 하여금 소망을 가지게 하려고 한 것입니다. 인내심과 위로를 주시는 창조주께서, 여러분이 그리스도 예수를 본받아 같은 생각을 품게 하시고, 한 마음과 한 입으로 거룩하신 분 곧 우리 주 예수 그리스도의 아버지께 영광을 돌리게 해주시기를 빕니다. 그러므로 그리스도께서 아버지의 영광을 드러내시려고 여러분을 받아들이신 것과 같이, 여러분도 서로 받아들이십시오. 내가 말하는 것은 이러합니다. 그리스도께서는 거룩하신 아버지의 진실하심을 드러내시려고 할례를 받은 사람의 종이 되셨으니, 그것은 그분께서 조상에게 주신 약속들을 확증하시고, 이방 사람들도 긍휼히 여기심을 받아서, 당신께 영광을 돌리게 하시려고 한 것입니다. 기록된 바 "그러므로 내가 이방 사람들 가운데서 주님께 찬양을 드리며, 주님의 이름을 찬미합니다" 한 것과 같습니다. 또 "이방 사람들아, 주님의 백성과 함께 즐거워하여라" 하였으며, 또 "모든 이방 사람들은 주님을 찬양하여라. 모든 백성들아, 주님을 찬양하여라" 하였습니다. 그리고 이사야가 말하기를 "이새의 뿌리에서 싹이 나서 이방 사람을 다스릴 이가 일어날 것이니, 이방 사람은 그에게 소망을 둘 것이다" 하였습니다. 소망을 주시는 주님께서, 믿음에서 오는 모든 기쁨과 평화를 여러분에게 충만하게 주셔서, 성령의 능력으로, 소망이 여러분에게 차고 넘치기를 바랍니다. (롬 15:4~13)

🔖 묵상

주님께서 통치하시는 나라의 특징인 사랑은 서로 두려워하지 않는 법을 배운 용서받은 백성에게만 가능합니다. 사랑은 타자를 타자로 비폭력적으로 받아들이는 것이기 때문입니다. 그러나 타자를 타자로 받아들이는 것은 무서운 일입니다. 타자는 타자인 만큼 우리의 존재 방식에 도전하기 때문입니다. 나의 자아와 성품이 주님의 사랑으로 형성되었을 때라야 내가 다른 사람을 두려워할 이유가 없음을 알게 됩니다. 예수께서 시작하신 평화의 나라는 그리스도인의 환대의 의무로 가장 명확하게 구체화되는 사랑의 나라이기도 합니다. 우리는 원칙적으로 낯선 사람과 식사를 같이 할 준비가 되어 있는 공동체입니다. 우리는 환대하는 자아를 갖춘 백성이어야 하고, 우리가 알지 못하는 것에 의해 확장될 준비가 되어 있어야 합니다. 타자의 존재를 기뻐하는 법을 배우는 가운데 우정이 우리 삶의 방식이 됩니다. 예수의 나라는 친구들에 대한 헌신을 요구하는 나라입니다. 친구들이 없으면 그 나라를 향한 여정은 불가능합니다. 다른 사람들과 함께 걸어야만 우리가 어디를 걷고 있는지 알 수 있기 때문입니다.

— 스탠리 하우어워스

🫖 나의 묵상

🫖 나의 기도

✢ 성서정과

사 35:1~10 / 시 85:7~13 / 눅 5:17~26

주님, 주님의 한결 같은 사랑을 보여 주십시오. 우리에게 주님의 구원을 베풀어 주십시오. 당신께서 무엇을 말씀하시든지, 내가 듣겠습니다. 주님께서 우리에게 평화를 약속하실 것입니다. 주님께서는, 주님의 백성 주님의 성도들이 망령된 데로 돌아가지 않는다면, 진정으로 평화를 주실 것입니다. 참으로 주님의 구원은 주님을 경외하는 사람에게 가까이 있으니, 주님의 영광이 우리 땅에 깃들 것입니다. 사랑과 진실이 만나고, 정의는 평화와 서로 입을 맞춘다. 진실이 땅에서 돋아나고, 정의는 하늘에서 굽어본다. 주님께서 좋은 것을 내려 주시니, 우리의 땅은 열매를 맺는다. 정의가 주님 앞에 앞서가며, 주님께서 가실 길을 닦을 것이다. (시 85:7~13)

✢ 묵상

당신이 필요한 것을 갖고 당신이 가진 것을 필요로 할 때, 당신이 함께 있는 사람들을 사랑하고 당신이 사랑하는 사람들과 함께 있을 때, 당신이 다른 사람들에게 선을 행하고 그들이 당신에게 선을 행할 때, 그것이 평화입니다. 이것을 평화에 대한 예수의 전망과 결합시켜야 합니다.

예수를 따르는 사람들은 그를 따라 평화에 의해 형성된 나라로 들어갑니다. 정의롭게 행동하고 사랑의 마음으로 행동하는 사람들에게서 평화가 흘러나옵니다. 오늘날 평화가 주어진다면 그것은 예수를 따르는 사람들이라고 주장하는 사람들에게서 시작되거나 그들을 포함해야 합니다. 예수를 따르려는 사람은 누구나 평화의 왕을 따라야 합니다.

— 스캇 맥나이트

🖊 나의 묵상

🌹 나의 기도

☀ 성서정과

사 40:1~11 / 시 96:1, 10-13 / 마 18:12-14

새 노래로 주님께 노래하여라. 온 땅아, 주님께 노래하여라. 모든 나라에 이르기를 "주님께서 다스리시니, 세계는 굳게 서서, 흔들리지 않는다. 주님이 만민을 공정하게 판결하신다" 하여라. 하늘은 즐거워하고, 땅은 기뻐 외치며, 바다와 거기에 가득 찬 것들도 다 크게 외쳐라. 들과 거기에 있는 모든 것도 다 기뻐하며 뛰어라. 그러면 숲 속의 나무들도 모두 즐거이 노래할 것이다. 주님이 오실 것이니, 주님께서 땅을 심판하러 오실 것이니, 주님은 정의로 세상을 심판하시며, 그의 진실하심으로 뭇 백성을 다스리실 것이다. (시 96:1, 10-13)

🕮 묵상

주님의 영광은 모든 피조물이 충만하게 생동하는 것입니다. 그리고 모든 피조물이 충만하게 살 수 있도록 하는 것이 우리의 임무입니다. 예수의 삶, 활동 그리고 죽음에서 우리는 모든 피조물이 충만하게 살도록 돕는 데 무엇이 필요한지 구체적으로 알게 됩니다. 그리스도 안에서 우리와 함께 하시는 거룩하신 아버지의 의미입니다. 성사적, 성육신적 입장은 모든 피조물에게 창조주이신 주님이 이 세상 안에 그리고 세상의 편에 서 있음을 약속합니다. 예수의 성육신과 부활에서 우리는 언제 어디서나 그것이 사실임을 더욱 분명하게 깨닫습니다.
우리가 모든 피조물의 충만함을 위해 일함으로써 주님께 영광을 돌
리기 위해 수고할 때, 그분은 우리와 함께, 우리 '모두'와 함께, 그리
고 우리와 '함께' 계십니다.

— 샐리 맥페이그

🫖 나의 묵상

🫖 나의 기도

✳ 성서정과

사 40:25~31 / 시 103:6~14 / 마 11:28~30

주님은 공의를 세우시며 억눌린 모든 사람의 권리를 변호하신다. 모세에
게 주님의 뜻을 알려 주셨고, 이스라엘 자손에게 주님의 행적들을 알려
주셨다. 주님은 자비롭고, 은혜로우시며, 노하기를 더디하시며, 사랑이
그지없으시다. 두고두고 꾸짖지 않으시며, 노를 끝없이 품지 않으신다.
우리 죄를, 지은 그대로 갚지 않으시고 우리 잘못을, 저지른 그대로 갚지
않으신다. 하늘이 땅에서 높음같이, 주님을 두려워하는 사람에게는, 그
사랑도 크시다. (시 103:6-11)

📖 묵상

사랑하는 주님,
이 세상에 강물과 시냇물을 가져다주심에 감사드립니다.
우리가 아는 강물들이 당신께서 우리 한 사람 한 사람 안에서
흘려보내고 싶어하시는 개울의 형상이 되게 하소서.
우리의 냉소적인 마음을 없애 주소서.
우리에게서 희망이 부족함을 치워주소서.
우리의 화와 우리의 심판을 없애 주소서.
주님 우리 마음 안에 있는 믿음과 소망에 대해 감사드립니다.

당신께서는 그 믿음과 희망을 저희 마음 안에 심어 주셨습니다.

이제 우리가 그것들을 잘 보존하고 지키고, 늘려가도록 도와주소서.

주님, 우리는 비전을 갖고 살기를 갈망합니다.

우리에게는 비전이 필요합니다.

비전이 없다면 멸망해 버릴 것임을 우리는 압니다.

저희가 새롭게 주어지는 매일을 새로운 의미와 새로운 희망,

더 깊은 열망으로 열게 해 주소서.

— 리처드 로어

🫖 나의 묵상

🫖 나의 기도

✤ 성서정과

이사 41:13~20 / 시 145:1, 8~13 / 마태 11:11~15

나의 임금님이신 주님, 내가 주님을 높이며, 당신의 이름을 영원토록 송축하렵니다. 주님, 주님께서 지으신 모든 피조물이 주님께 감사 찬송을 드리며, 주님의 성도들이 주님을 찬송합니다. 성도들이 주님의 나라의 영광을 말하며, 주님의 위대하신 행적을 말하는 것은, 주님의 위대하신 위엄과, 주님의 나라의 찬란한 영광을, 사람들에게 알리려 함입니다. 주님의 나라는 영원한 나라이며, 주님의 다스리심은 영원무궁합니다.

(시 145:1, 10~13)

📖 묵상

오, 주님, 청하오니 당신을 알고 당신을 사랑하게 해주소서. 이 땅에서 저의 사랑과 지식이 자라게 해주시어 저의 기쁨이 하늘에서 완전하게 해주소서.

오, 아버지, 당신은 당신의 아들을 통해 권고하셨습니다. 아니, 명령하셨습니다. 우리에게 이 충만한 기쁨을 구하라고, 그리고 당신은 이를 허락하셨습니다. 당신의 기적의 권고자를 통해, 우리가 감히 청하도록 허락해 주셨으니 당신이 허락해 주시고 약속하신 것을 감히 청합니다.

우리가 충만한 기쁨을 누리게 하소서. 제 마음이 이 기쁨을 묵상하게 하시고, 제 혀가 이 기쁨을 말하게 하시며, 제 심장이 이 기쁨을 열망하게 하시고, 제 말이 이 기쁨을 찬미하게 하소서. 제 영혼이 이 기쁨을 갈망하게 하시고, 제 육신이 이 기쁨에 목마르게 하소서. 제 전부가 이 기쁨을 그리워하게 하소서. 이 몸이 당신의 기쁨에 들기까지 삼위이시며 한 분이신 주님, 영원히 찬미 받으소서. 아멘.

— 보나벤투라

🫕 나의 묵상

_____

_____

_____

_____

🕯 나의 기도

_____

_____

_____

_____

성서정과

사 48:17~19 / 시 1 / 마 11:16~19

복 있는 사람은 악인의 꾀를 따르지 아니하며, 죄인의 길에 서지 아니하며, 오만한 자의 자리에 앉지 아니하며, 오로지 주님의 율법을 즐거워하며, 밤낮으로 율법을 묵상하는 사람이다. 그는 시냇가에 심은 나무가 철 따라 열매를 맺으며 그 잎이 시들지 아니함 같으니, 하는 일마다 잘 될 것이다. 그러나 악인은 그렇지 않으니, 한낱 바람에 흩날리는 쭉정이와 같다. 그러므로 악인은 심판받을 때에 몸을 가누지 못하며, 죄인은 의인의 모임에 참여하지 못한다. 그렇다. 의인의 길은 주님께서 인정하시지만, 악인의 길은 망할 것이다. (시 1)

묵상

제자들의 의가 바리새인들의 의보다 더 나은 까닭은 오직 그들의 의가 홀로 율법을 성취하는 분과의 사귐으로 부름을 받았기 때문입니다. 제자들의 의가 참된 의인 까닭은 그들이 이제 스스로 주님의 뜻을 행하고 율법을 성취하기 때문입니다. 그리스도의 의는 단지 가르치기만 할 것이 아니라 행해야 합니다. 제자의 길, 이는 그리스도의 의에 대한 믿음 안에서 진실하게, 순수하게 실천하는 것입니다.

— 디트리히 본회퍼

🥛 나의 묵상

_____

_____

_____

_____

_____

_____

_____

🥛 나의 기도

_____

_____

_____

_____

_____

_____

_____

_____

✦ 성서정과

시 80:1~3, 17~18 / 마 17:10~13

그 때에 제자들이 "율법학자들은 엘리야가 먼저 와야 한다고 하는데 어떻게 된 일입니까?" 하고 물었다. 예수께서는 "과연 엘리야가 와서 모든 준비를 갖추어놓을 것이다. 그런데 실상 엘리야는 벌써 왔다. 그러나 사람들이 그를 알아보지 못하고 제멋대로 다루었다. 사람의 아들도 이와 같이 그들에게 고난을 받을 것이다" 하고 대답하셨다. 그제야 비로소 제자들은 이것이 세례자 요한을 두고 하신 말씀인 줄을 깨달았다. (마 17:10~13)

✦ 묵상

성육신은 희망을 품으면서도 현실을 정직하게 응시하게 해줍니다. 성육신을 믿는다는 것은 모든 곳을 비추는, 그렇게 하기로 작정한 빛을 보았음을 뜻합니다. 새로운 세계의 여명이 밝아 옵니다.

하지만 아직 완전히 환하지는 않습니다. 성육신은 베들레헴에서 태어난 아기에 관한 가르침이면서 또한 무고한 한 사람이 골고다에서 잔혹한 십자가형을 받은 것에 대한 가르침이기도 합니다. 십자가 발치에 서기까지는 주님께서 성육신을 통해 뜻하신 바가 얼마나 크고 넓은지 알기 어렵습니다.

— 윌리엄 윌리몬

🫖 나의 묵상

🫖 나의 기도

천사가 그에게 말하였다.
"사가랴야, 두려워하지 말아라. 네 간구를 주님께서 들어 주셨다.
네 아내 엘리사벳이 너에게 아들을 낳아 줄 것이니, 그 이름을 요한이라고 하여라.
그 아들은 네게 기쁨과 즐거움이 되고, 많은 사람이 그의 출생을 기뻐할 것이다.
그는 주님께서 보시기에 큰 인물이 될 것이다.
그는 주님을 맞이할 준비가 된 백성을 마련할 것이다."

아기 그리스도를 찾아오는 길은 언제나 단순하지 않습니다. 대부분의 경우 사람들은 먼 길을 돌아 그리스도이신 아기를 찾아옵니다.

복잡한 사연을 거쳐 올 때도 있고, 죄를 짓고서 혼란 가운데 찾아올 때도 있습니다. 그릇된 생각을 가지고 찾아올 때가 있는가 하면 출발부터 잘못된 때도 있습니다.

사람들이 진실로 답해야 할 질문은 그들을 걷게 한 복잡다단한 사연들을 구유를 향해 가는 여정에 맡길 수 있느냐, 거울의 방에 안주하기를 거부하고 진리가 진정 어디에 있는지를 찾아 나설 수 있느냐, 자신의 재주를 부리려 복잡하게 생각하기를, 남과 자신을 기만하기를 그치고 하늘의 지도가 가리키는 곳이 어디인지를 살필 수 있느냐는 것입니다.

그러니 여러분의 뒤엉킨 모습과 재능, 곧 우리를 우리로 만들어주는 수많은 뿌리를 거부하지 마십시오. 모든 걸음은 여정의 일부입니다. 심지어 잘못된 출발조차 이 여정의 일부입니다. 모든 경험은 여러분이 진리를 향해 나아가게 해줄 수 있습니다. 그리스도교 신앙은 현실은 전혀 고려하지 않고 무작정 단순해질 것을 요구하는 황당한 믿음이 아닙니다.

성육신 사건은 "언제, 어디서, 어떻게 알죠?"라는 인간의 가장 단순한, 그래서 가장 근본적인 질문들에 대한 응답입니다. 그곳에 가장 먼저 도달하는 이들은 정교하고 세련되게 자신을 포장하지 않는 이들, 자기반성으로 자신을 방어하지 않는 이들입니다. 이들이 흘리는 눈물에는 기만이 없습니다. 이들은 주님과 적당한 거리를 유지하는 법을 알지 못합니다. 거리를 유지하는 것만큼은 전문가 수준인 우리와는 달리 말이지요.

이들을 통해 우리는 우리가 향해야 할 곳이 어디인지를 배웁니다. 이들을 통해 우리는 순전하게 나아와 주님께 다가갈 수 있음을, 구유에 누운 아이, 갈릴래아에서 펼쳐진 삶, 펼쳐져 드러난 그 신비를 마주할 수 있음을 배우며 우리가 이를 얼마나 갈망하는지를 알게 됩니다.

이제 우리는 있는 모습 그대로 마구간에 옵니다.

- 로완 윌리엄스

대림

제3주

✷ 성서정과

사 35:1~10 / 시 146:5~10 / 약 5:7~10 / 마 11:2~11

그러므로 형제 여러분, 주님께서 오실 때까지 참고 기다리십시오. 농부는 땅이 귀중한 소출을 낼 때까지 끈기 있게 가을비와 봄비를 기다립니다. 여러분도 참고 기다리며 마음을 굳게 하십시오. 주님께서 오실 날이 가까이 왔습니다. 형제 여러분, 심판을 받지 않으려거든 서로 남을 탓하지 마십시오. 심판하실 분이 이미 문 앞에 서 계십니다. 형제 여러분, 고난을 참고 이겨낸 사람들의 본보기로서 주님의 말씀을 받아 전한 예언자들을 생각하십시오. (약 5:7~10)

🔖 묵상

어디선가 형제자매에게 죄를 짓지 않았는지,

세상 사람들처럼 누군가를 미워하고

멸시하고 모독하지 않았는지,

그래서 형제자매에게 살인을 저지르지 않았는지 살펴보십시오.

오늘날 예수를 따르는 공동체는

기도하고 예배하기 위해 주님 앞에 나아가는 그 순간

다른 이들이 불평을 하지는 않는지,

다른 이들의 기도를 방해하지는 않는지

살펴보아야 합니다.

세상에서 수치를 당하고 권리를 빼앗긴 이들에게

생명을 보존하고 지탱하고 보호하기를 원하는

예수 사랑의 징표를 보여 주었는지 살펴보아야 합니다.

그렇지 않다면, 가장 완전한 예배와 가장 경건한 기도와

가장 용감한 신앙고백도 도움이 되기는커녕

오히려 역겨울 따름입니다.

주님께서는 우리가 우리의 형제자매와

분리되기를 바라지 않으십니다.

누군가 존중을 받지 못한다면,

그분도 예배받기를 바라지 않으십니다.

— 디트리히 본회퍼

🫙 나의 묵상

🫙 나의 기도

❊ 성서정과

민 24:2~7, 15~17 / 시 25:3~9 / 마 21:23~27

예수께서 성전에 들어가서 가르치고 계실 때에, 대제사장들과 백성의 장로들이 다가와서 말하였다. "당신은 무슨 권한으로 이런 일을 하시오? 누가 당신에게 이런 권한을 주었소?" 예수께서 그들에게 이렇게 대답하셨다. "나도 너희에게 한 가지를 물어 보겠다. 너희가 대답하면, 나도 무슨 권한으로 이런 일을 하는지를 말하겠다. 요한의 세례가 어디에서 왔느냐? 하늘에서냐? 사람에게서냐?" 그러자 그들은 자기들끼리 의논하며 말하였다. "'하늘에서 왔다'고 말하면, '어째서 그를 믿지 않았느냐'고 할 것이요, 또 '사람에게서 왔다'고 하자니, 무리가 무섭소. 그들은 모두 요한을 예언자로 여기니 말이오." 그래서 그들은 예수께, 모르겠다고 대답하였다. 그러자 예수께서 말씀하셨다. "나도 내가 무슨 권한으로 이런 일을 하는지를 너희에게 말하지 않겠다." (마 21:23~27)

❧ 묵상

현대인인 우리는 우리가 무엇에 관해서든 선명히 사고할 수 있는 능력이 있다고 잘못 확신하는 경향이 있습니다. 우리는 선천적으로 우리가 필요한 것을 식별할 능력이 있다고 여깁니다. 그래서 우리의 선택에 진실하기만 하면 되고, 분명하게 원하는 것을 생각해 선택하기만 하면 된다고 생각합니다. 그렇기에 우리에게는 주님이 자신을 선물로 주신다는, 그분이 이 땅에 오셨다는 의미를 헤아릴 능력이 없다는, 우리에게 선천적으로 그러한 능력이 결여되어 있다는 이야기가 무척 불편하게 들립니다. 이는 주체를 강조하는 우리의 감수성에 상처를 입힙니다. 하지만 주님 자신을 드러낼 수 있는 분은 오직 주님입니다.

— 윌리엄 윌리몬

🫙 나의 묵상

🫗 나의 기도

✳ 성서정과

습 3:1~2, 9~13 / 시 34:1~6, 21~22 / 마 21:28~32

그 때에는 내가 뭇 백성의 입술을 깨끗하게 하여, 그들이 다 나 주의 이름을 부르며 어깨를 나란히 하고 나를 섬기게 할 것이다. 에티오피아 강 저너머에서 나를 섬기는 사람들, 내가 흩어 보낸 사람들이, 나에게 예물을 가지고 올 것이다. ... 그 때에 내가 거만을 떨며 자랑을 일삼던 자를 이 도성에서 없애 버리겠다. 네가 다시는 나의 거룩한 산에서 거만을 떨지 않을 것이다. 그러나 내가 이 도성 안에 주의 이름을 의지하는 온순하고 겸손한 사람들을 남길 것이다. 이스라엘에 살아 남은 자는 나쁜 일을 하지 않고, 거짓말도 하지 않고, 간사한 혀로 입을 놀리지도 않을 것이다. 그들이 잘 먹고 편히 쉴 것이니, 아무도 그들을 위협하지 못할 것이다

(습 3:9~13)

📖 묵상

주님, 우리 곁에 머물러 주소서.

낮이나 밤이나 우리 곁에 머물러 주소서.

우리가 원하는 것은, 우리가 좋아하고 즐기는 고양된 감정 속에서

당신의 신실하신 임재를 느끼는 것이 아닙니다.

우리는 당신이 언제나 우리 곁에 계심을 믿습니다.

당신은 마지막까지 우리와 함께 계실 것입니다.

당신이 우리와 함께 계십니다. 그것으로 충분합니다.

우리 곁에 머물러 주소서. 그것이 우리의 간구입니다.

당신의 거룩한 영, 당신을 경외하는 영, 참회의 영,

겸손의 영으로 함께 하소서.

우리의 죄로 인해 거룩하신 당신의 영광을 더럽힐까

두려워하는 순결한 영으로 함께하소서.

— 칼 라너

🫖 나의 묵상

_____

_____

_____

_____

🕯 나의 기도

_____

_____

_____

_____

✤ 성서정과

사 45:6하-8, 18, 21하 / 시 85:7~13 / 눅 7:18-23

요한의 제자들이 이 모든 일을 요한에게 알렸다. 요한은 자기 제자 가운데서 두 사람을 불러, 주님께로 보내어 "선생님이 오실 그분입니까? 그렇지 않으면, 우리가 다른 분을 기다려야 합니까?" 하고 물어 보게 하였다. … 예수께서 그들에게 이렇게 대답하셨다. "너희가 보고 들은 것을, 가서 요한에게 알려라. 눈먼 사람이 다시 보고, 다리 저는 사람이 걷고, 나병 환자가 깨끗해지고, 귀먹은 사람이 듣고, 죽은 사람이 살아나고, 가난한 사람이 복음을 듣는다. 나에게 걸려 넘어지지 않는 사람은 복이 있다."

(눅 7:18~23)

📖 묵상

인류는 계속해서 전쟁을 하려고 하며, 무방비 상태에 놓인 이들이 죽음을 맞이하는 것을 기꺼이 내버려 둡니다. 엄청난 규모로 살인을 저지르고, 서로를 파괴할 수 있는 자신의 힘을 즐기며, 병적인 권태에서 벗어나려 하고, 죽을 수밖에 없는 운명을 애써 무시한 채 주의를 딴 데로 돌리려 합니다. 장소와 시간을 가리지 않고 사회는 살인적인 패거리로 퇴화할 것입니다. 이러한 세계에서, 그리스도인들이 이어가야 할 일은 인간의 의지를 잔혹함, 감상주의, 이기심이라는 엔진에서 거룩한 은총, 이웃 사랑을 실천할 수 있는 그릇으로 변모시킬 복음의 위력을 신뢰하는 것입니다. 그리고 인간 역사에서 복음이 무엇을 이룩했는지에 대한 집단의 기억을 더욱 심화시켜 나가는 것입니다.

— 데이비드 벤틀리 하트

🫕 나의 묵상

🕯 나의 기도

성서정과

사 54:1~10 / 시 30:1~5, 11~12 / 눅 7:24~30

주님, 주님께서 나를 수렁에서 건져주시고, 내 원수가 나를 비웃지 못하게 해주셨으니, 내가 주님을 우러러 찬양하렵니다. 나의 주님, 내가 당신께 울부짖었더니, 당신께서 나를 고쳐 주셨습니다. 주님, 스올에서 이 몸을 끌어올리셨고, 무덤으로 내려간 사람들 가운데서, 나를 회복시켜 주셨습니다. … 주님께서는 내 통곡을 기쁨의 춤으로 바꾸어 주셨습니다. 나에게서 슬픔의 상복을 벗기시고, 기쁨의 나들이옷을 갈아입히셨기에 내 영혼이 잠잠할 수 없어서, 주님을 찬양하렵니다. 나의 주님, 내가 영원토록 당신께 감사를 드리렵니다. (시 30:1~5, 11~12)

묵상

현실에서 삶에 감사를 느끼고 이를 표현하는 것은 고통과 실망이라는 시험을 거칩니다. 에덴의 동쪽에서 살아가는 이상 매 순간 삶이 즐겁기만 할 수는 없습니다. 삶을 충실히 살다 보면 이에 수반되는 고통도 있기 마련입니다. 이 와중에 어떤 즐거움은 잠시 스쳐 가는 일회성 감정일 수도 있습니다. 한 아이가 대회에서 입상해 기뻐서 춤을 추고 소리를 지를 때 부모는 자녀와 함께 진정으로 기뻐하지만, 그 기쁨은 어디까지나 순간임을 압니다. 어쩌면, 성장한다는 것은 행운이 가

져다주는 순간의 기쁨과 오랜 시간 일궈온 사랑과 성취가 주는 지속
적인 기쁨의 차이를 아는 것일지도 모르겠습니다. 전례와 삶에서도
우리는 순간의 기쁨과 더 깊고 영원한 기쁨, 그리고 그 기쁨의 원천의
차이를 알아야 합니다.

— 돈 샐리어스

🕯 나의 묵상

🕯 나의 기도

✸ 성서정과

> 사 56:1~3상, 6-8 / 시 67 / 요 5:33~36

주여, 우리를 어여삐 보시고, 복을 내리소서. 웃는 얼굴을 우리에게 보여
주소서. 세상이 당신의 길을 알게 하시고 만방이 당신의 구원을 깨닫게
하소서. 주여, 백성들이 당신을 찬양하게 하소서. 만백성이 당신을 찬양
하게 하소서. 당신께서 열방을 공평하게 다스리시고 온 세상 백성들을 인
도하심을 만백성이 기뻐 노래하며 기리게 하소서. 주님, 백성들이 당신을
찬양하게 하소서. 만백성이 당신을 찬양하게 하소서. 땅에서 오곡백과 거
두었으니 우리 주님께서 내리신 복이라. 주여, 우리에게 복을 내리소서.
온 세상 땅 끝까지 당신을 두려워하게 하소서. (시 67)

✸ 묵상

모든 것 너머에 계신 분이여,

어떻게 달리 당신을 선포할 수 있겠습니까?

어떤 언어로 당신을 노래할 수 있겠습니까?

어떤 언어도 당신을 표현할 수 없는 이 때,

어떤 사유로 당신을 곱씹을 수 있겠습니까?

어떤 사유로도 당신을 이해할 수 없는 이 때,

당신은 말의 너머에 계십니다.

말하는 모든 것 말하지 못하는 모든 것이 당신을 선포합니다.

사유하는 모든 것, 사유하지 못하는 모든 것이

당신께 영광을 돌립니다.

모든 것이 당신을 동경하며

모든 것이 당신을 찾지 못해 괴로워합니다.

모든 것이 당신을 향해 기도합니다.

모든 사유하는 것이 함께 당신에게 침묵으로 찬송합니다.

당신 안에 모든 것이 있습니다. 당신을 향해 모든 것이 나아갑니다.

자비 베푸소서.

— 나지안주스의 그레고리우스

🫙 나의 묵상

_____

_____

_____

🫙 나의 기도

_____

_____

_____

나는 온 백성에게 큰 기쁨이 될 소식을 너희에게 전하여 준다.
오늘 다윗의 동네에서 너희에게 구주가 나셨으니, 그는 곧 그리스도 주님이시다.
너희는 한 갓난아기가 포대기에 싸여, 구유에 뉘어 있는 것을 볼 터인데,
이것이 너희에게 주는 표징이다.

주님, 올해에도 세상에서 가장 위대한 것,
곧 당신의 사랑이 우리 눈 앞에 펼쳐지는
성탄을 맞이하게 하소서.
그 빛과 축제, 기쁨을 맞이하게 하소서.

당신은 세상을 지극히 사랑하셔서
하나뿐인 아들을 주셨고
우리는 모두 그를 믿어 길을 잃지 않고
영원한 생명을 얻습니다.

우리가 당신께 무엇을 드릴 수 있겠습니까?
우리 관계와 마음엔 어둠이 가득합니다.
혼란스러운 생각들, 냉정함과 반항,
부주의함과 증오가 가득합니다.
당신이 기뻐하실 수 없는 것들,
우리를 서로 갈라놓으며
도무지 우리를 도울 길 없는 것들로 가득합니다.
성탄의 메시지를 거스르는 것들로 가득합니다.

이 초라한 선물들을 당신 앞에 내어놓습니다.
우리 같은 사람들과 무엇을 하실 수 있을까요.

그러나 이 성탄절, 당신은
이 모든 쓸모없는 것과
이 모습 이대로의 우리를 받으셔서
우리에게서 이것들을 없애 버리길 원하십니다.

이를 통해 당신은 우리에게 우리 구주 예수를,
우리와 온 인류를 위한
새 하늘과 새 땅, 새 마음과 새 갈망,
새 확신과 새 소망을 품고 계신 그분을 내어주십니다.

성탄절을 맞기 전 마지막 주일인 이날,
다시 모여 예수를 당신의 선물로 받기 원하는
우리와 함께하소서.

당신이 우리 모두를 위해 품으신 뜻을,
우리 모두를 향해 이미 결정하신 바를,
우리 모두를 위해 이미 완성하신 일을
합당하게, 감사 넘치는 놀라움으로
올바르게 말하고 들으며 기도하게 하소서.
아멘.

- 칼 바르트

대림 제4주일
·
12월 17일~공현일

· 대림절기는 12월 17일을 기준으로 교회력을 보는 방법이 달라집니다.

· 12월 16일까지는 요일을 기준으로 보고, 12월 17일부터는 요일과 관계 없이 날짜를 기준으로 봅니다.

· 대림 제4주일은 대림 제3주일 다음 오는 주일로, 이 날은 날짜와 관계 없이 주일 성서정과를 봅니다. 예를 들어, 12월 18일이 대림 제4주일이라면 12월 18일 성서정과가 아닌 대림 제4주일의 성서정과를 따릅니다.

✵ 성서정과

> 미 5:1~4상 / 눅 1:46하~55(마리아의 노래) / 히 10:5~10 / 눅 1:39~45

"내 영혼이 주님을 찬양하며

내 마음이 내 구주를 좋아함은,

그가 이 여종의 비천함을 보살펴 주셨기 때문입니다.

이제부터는 모든 세대가 나를 행복하다 할 것입니다.

힘센 분이 나에게 큰일을 하셨기 때문입니다.

그의 이름은 거룩하고, 그의 자비하심은,

그를 두려워하는 사람들에게 대대로 있을 것입니다.

그는 그 팔로 권능을 행하시고 마음이 교만한 사람들을 흩으셨으니,

제왕들을 왕좌에서 끌어내리시고 비천한 사람을 높이셨습니다.

주린 사람들을 좋은 것으로 배부르게 하시고,

부한 사람들을 빈손으로 떠나보내셨습니다.

그는 자비를 기억하셔서, 자기의 종 이스라엘을 도우셨습니다.

우리 조상들에게 말씀하신 대로, 그 자비는

아브라함과 그 자손에게 영원토록 있을 것입니다." (눅 1:46하~55)

🗳 묵상

주님, 당신께서는 이 세상 그 무엇보다도 우리를 사랑하십니다.

당신의 눈길은 언제나 우리를 떠나지 않으십니다.

우리는 그 눈길을 바라보며 당신의 사랑을 감지합니다.

그렇게 우리는 당신께서 우리를 사랑하심을 깨닫습니다.

당신께서는 우리와 같이 비천한 종들을

언제나 마음에 품고 계십니다.

우리에게 보이시는 당신의 형상은 사랑뿐입니다.

당신의 사랑이 우리와 함께하기에

당신께서는 우리를 사랑하시는 분이라고 말할 수 있습니다.

당신께서는 언제나 우리와 함께하십니다.

단 일 초도 우리를 홀로 두지 않으시고 모든 순간을 함께하십니다.

그렇게 당신께서는 우리와 함께하시는 시간이

소중하다고 말씀하십니다.

― 니콜라스 쿠자누스

나의 묵상

나의 기도

✴ 성서정과

창 49:2, 8-10 / 시 72:1~4, 18-19 / 마 1:1~17

야곱의 아들들아, 너희는 모여서 들어라. 너희의 아버지 이스라엘이 하는 말에 귀를 기울여라. 유다야, 너의 형제들이 너를 찬양할 것이다. 너는 원수의 멱살을 잡을 것이다. 너의 아버지의 아들들이 네 앞에 무릎을 꿇을 것이다. 유다야, 너는 사자 새끼 같을 것이다. 나의 아들아, 너는 움킨 것을 찢어 먹고, 굴로 되돌아갈 것이다. 엎드리고 웅크리는 모양이 수사자 같기도 하고, 암사자 같기도 하니, 누가 감히 범할 수 있으랴! 임금의 지휘봉이 유다를 떠나지 않고, 통치자의 지휘봉이 자손 만대에까지 이를 것이다. 권능으로 그 자리에 앉을 분이 오시면, 만민이 그에게 순종할 것이다. (창 49:2, 8-10)

📖 묵상

주님, 우리의 마음은 당신을 향해 열려있습니다.

우리에게 다가오셔서 우리가 아직 끌어안지 못한

참된 우리의 형상을 끌어안을 수 있게 하소서.

더 당신을 향해 우리를 열고 당신을 받아들일 수 있게 하소서.

정직하게, 당신 앞에 무방비로 열려있게 하소서.

당신을 두려워하지 않고 당신께 순종케 하소서.

우리에게 명령하소서. 우리가 순종하겠습니다.

우리를 지배하소서. 우리가 굴복하겠습니다.

우리를 인도하소서. 우리가 따라 걷겠습니다.

주님, 당신을 향해 우리 마음을 엽니다.

우리는 당신의 것입니다. 다시금, 언제나 우리의 주님이 되어주소서.

— 월터 브루그만

🫛 나의 묵상

🌹 나의 기도

❖ 성서정과

렘 23:5~8 / 시 72:6~8, 17~19 / 마 1:18~24

"내가 다윗에게서 의로운 가지가 하나 돋아나게 할 그 날이 오고 있다. 나 주의 말이다. 그는 왕이 되어 슬기롭게 통치하면서, 세상에 공평과 정의를 실현할 것이다. 그 때가 오면 유다가 구원을 받을 것이며, 이스라엘이 안전한 거처가 될 것이다. 사람들이 그 이름을 '주님은 우리의 구원이시다'라고 부를 것이다. 그러므로 보아라, 그 날이 지금 오고 있다. 나 주의 말이다. 그 때에는 사람들이 다시는 '이스라엘 백성을 이집트 땅에서 이끌어 내신 주'의 살아 계심을 두고 맹세하지 않고, 그 대신에 '이스라엘 집의 자손이 쫓겨가서 살던 북녘 땅과 그 밖의 모든 나라에서 그들을 이끌어 내신 주'의 살아 계심을 두고 맹세할 것이다. 그 때에는 그들이 고향 땅에서 살 것이다." (렘 23:5~8)

📖 묵상

우리가 뛰어나서, 거룩해서, 사랑해서, 화해를 이루어서 새로운 세상이 도래하는 것이 아닙니다. 우리는 그렇지 않습니다. 그러나 주님은 그러한 분이십니다. 그리고 이 새로움을 세상 가운데 일으키는 모든 활동은 처음부터 끝까지 다 주님의 활동입니다. 우리의 시간은 주님께 감사하는 데 쓰여야만 합니다. 상황이 최악으로 치달을 때, 우리가 한 줌 즐거움 느낄 여력이 없을 때조차 우리는 주님께 감사드려야 합니다. 모든 것이 최악으로 치달을 때 우리는 은총의 승리가 우리와는 아무런 상관이 없음을 더 절실히 알게 되기 때문입니다.

— 로완 윌리엄스

🫙 나의 묵상

🫙 나의 기도

성서정과

삿 13:2~7, 24~25 / 시 71:3~8 / 눅 1:5~25

주님은 나의 반석, 나의 요새이시니, 주님은, 내가 어느 때나 찾아가서 숨을 반석이 되어 주시고, 나를 구원하는 견고한 요새가 되어 주십시오. 나의 주님, 나를 악한 사람에게서 건져 주시고, 나를 잔인한 폭력배의 손에서 건져 주십시오. 주님, 주님 밖에는, 나에게 희망이 없습니다. 주님, 어려서부터 나는 주님만을 믿어 왔습니다. 나는 태어날 때부터 주님을 의지하였습니다. 어머니 뱃속에서 나올 때에 나를 받아 주신 분도 바로 주님이셨기에 내가 늘 주님을 찬양합니다. 나는 많은 사람에게 비난의 표적이 되었으나, 주님만은 나의 든든한 피난처가 되어 주셨습니다. 온종일 나는 주님을 찬양하고, 주님의 영광을 선포합니다. (시 71:3~8)

묵상

주님의 얼굴이 어둠 속에서 빛을 발합니다. 그 얼굴을 보기 위해 우리는 우리가 가진 모든 것, 즉 세계, 기쁨, 희망을 담아 불을 지핍니다. 그 모든 것을 태워버리며 불꽃이 솟아오릅니다. 사랑의 얼굴이 빛을 발하는 모습이 보입니다. 불꽃이 사그라듭니다. 우리는 우리에게 남아 있는 자잘한 것들, 명예, 성공, 의지, 지성, 기질, 그리고 마침내는 우리 자신을 땔감 삼아 다시 불을 지핍니다. “가져오라. 그리고 받으라." 우리 자신을 바칠수록 우리는 알게 됩니다. 그분께서 우리를 위해 자신을 내어주고 계심을. 그런 그분께 우리가 할 수 있는 일이란 항복밖에는 없습니다. 결국, 모든 게 은총입니다. 주님께서 나타나시는 순간, 그분은 은총으로 우리의 모든 희생을 우리에게서 가져가십니다.

— 한스 우르스 폰 발타사르

🫕 나의 묵상

🕯 나의 기도

✢ 성서정과

사 7:10~14 / 시 24:1~6 / 눅 1:26~38

천사가 안으로 들어가서, 마리아에게 말하였다. "기뻐하여라, 은혜를 입은 자야, 주님께서 그대와 함께 하신다." 마리아는 그 말을 듣고 몹시 놀라, 도대체 그 인사말이 무슨 뜻일까 하고 궁금히 여겼다. 천사가 마리아에게 말하였다. "두려워하지 말아라. 마리아야, 그대는 거룩하신 분의 은혜를 입었다. 보아라, 그대가 잉태하여 아들을 낳을 터이니, 그의 이름을 예수라고 하여라. 그는 위대하게 되고, 더없이 높으신 분의 아들이라고 불릴 것이다. 주께서 그에게 그의 조상 다윗의 왕위를 주실 것이다."

(눅 1:28~32)

✦ 묵상

자신이 특별한 운명을 지니고 있음을 알게 된 다음 날, 마리아는 무슨 생각을 했을까요? 무엇을 느꼈을까요? 자신을 둘러싼 세상이 몰라보게 달라졌다고 생각했을까요? 오히려 자신이 임신했다는 소식에 당혹스러워했지 않았을까요. 마리아는 불안했을 것입니다. 그 무엇도 바뀌지 않았습니다. 그러나 모든 것이 바뀌었습니다. 새로운 이야기가 펼쳐지기 시작했습니다. 이 마리아의 몸 깊숙한 곳에서 일어난, 눈에 보이지도 않는 미세한 시작 없는 성탄, 성 금요일, 부활, 그 어떤

이야기도 일어날 수 없습니다. 더 나아가 말하면, 역사의 모든 사건이
저 하나의 사건으로 이어진다고 볼 수도 있습니다.

— 로완 윌리엄스

🫖 나의 묵상

🫖 나의 기도

✤ 성서정과

그 무렵에, 마리아가 일어나, 서둘러 유대 산골에 있는 한 동네로 가서, 사가랴의 집에 들어가, 엘리사벳에게 문안하였다. 엘리사벳이 마리아의 인사말을 들었을 때에, 아이가 그의 뱃속에서 뛰놀았다. 엘리사벳이 성령으로 충만해서, 큰 소리로 외쳐 말하였다. "그대는 여자들 가운데서 복을 받았고, 그대의 태중의 아이도 복을 받았습니다. 내 주님의 어머니께서 내게 오시다니, 이것이 어찌된 일입니까? 보십시오. 그대의 인사말이 내 귀에 들어왔을 때에, 내 태중의 아이가 기뻐서 뛰놀았습니다. 주님께서 하신 말씀이 이루어질 줄 믿은 여자는 행복합니다." (눅 1:39~45)

☖ 묵상

예수 그리스도는 유한한 인간들 가운데 있는 창조주의 집의 구현인 동시에, 그것의 완전하고 우주적인 실현에 대한 약속입니다. 창조주께서는 예수 그리스도를 통해 유한한 육신을 집으로 삼으셨습니다. 마리아 위에 성령이 드리우심으로서 예수 그리스도의 정체성 자체가 결정되었던 것처럼 동일한 성령의 능력 안에서 행하셨던 그분의 사명은 온 세상이 거룩하신 분의 집이 되게 하시는, 따라서 피조물의 참된 집이자 참된 번영의 장소가 되게 하시는 것이었습니다. 그리스도인과 그리스도교 공동체의 삶은, 그리스도의 삶과 사명에 참여하기 위해 그리스도께서 받으신 성령의 기름부으심의 연장입니다.

— 미로슬라브 볼프

☙ 나의 묵상

☙ 나의 기도

✵ 성서정과

삼상 1:24~28 / 시 113 / 눅 1:46-56

할렐루야. 주님의 종들아, 찬양하여라. 주님의 이름을 찬양하여라. 지금부터 영원까지, 주님의 이름이 찬양을 받을 것이다. 해 뜨는 데서부터 해 지는 데까지, 주님의 이름이 찬양을 받을 것이다. 주님은 모든 나라보다 높으시며, 그 영광은 하늘보다 높으시다. 우리 주님과 같은 이가 어디에 있으랴? 높은 곳에 계시지만 스스로 낮추셔서, 하늘과 땅을 두루 살피시고, 가난한 사람을 티끌에서 일으키시며 궁핍한 사람을 거름더미에서 들어올리셔서, 귀한 이들과 한자리에 앉게 하시며 백성의 귀한 이들과 함께 앉게 하시고, 아이를 낳지 못하는 여인조차도 한 집에서 떳떳하게 살게 하시며, 많은 아이들을 거느리고 즐거워하는 어머니가 되게 하신다. 할렐루야. (시 113)

📖 묵상

잠에서 깨어 일어나 당신께 감사드리나이다.

당신은 지극히 선하시고 오래 참으시는 분이시기에, 죄인이며 게으른 제게 진노하지 않으셨고, 저의 불의함에도 불구하고 저를 멸하지 않으셨으며, 사람에 대한 당신의 한결같은 사랑으로 저를 절망에서 건지시어, 이 아침 당신을 찬양하고 당신 권능에 영광 돌리게 하셨기 때문이나이다.

하오니 이제 다시 한번 제 영의 눈을 밝히 비춰주시고, 제 입술을 열어주시어, 당신 말씀의 달콤함을 맛보게 하소서. 그리하여 당신의 계명을 깨닫고, 당신의 뜻을 성취하고, 제 마음 다하여 당신의 지극히 거룩한 이름, 성부 성자 성령을 이제와 항상 또 영원히 찬양하고 찬미하게 하소서. 아멘.

— 정교회 기도서

👝 나의 묵상

👝 나의 기도

성서정과

말 3:1~4, 23~24 / 시 25:3~10 / 눅 1:57~66

"보아라. 나 이제 특사를 보내어 나의 행차 길을 닦으리라. 그는 너희가 애타게 기다리는 너희의 상전이다. 그가 곧 자기 궁궐에 나타나리라. 너희는 그가 와서 계약을 맺어주기를 기다리지 않느냐? 보아라. 이제 그가 온다. 만군의 주가 말한다. 그가 오는 날, 누가 당해 내랴? 그가 나타나는 날, 누가 버텨내랴? 그는 대장간의 불길 같고, 빨래터의 잿물 같으리라. 그는 자리를 잡고 앉아, 풀무질하여 은에서 쇠똥을 걸러내듯, 레위 후손을 깨끗하게 만들리라. 그리하면 레위 후손은 순금이나 순은처럼 순수하게 되어 올바른 마음으로 제물을 바치게 되리라. 그 때에 유다와 예루살렘이 바치는 제물이 옛날 그 한 처음처럼 나에게 기쁨이 되리라."

(말 3:1~4)

묵상

주님, 당신은 거룩하십니다.

유일하신 창조주시여, 당신이 하신 일이 실로 경이롭습니다.

당신은 강하시고, 위대하십니다.

당신은 가장 높은 분이시며, 전능하십니다.

하늘과 땅의 왕이십니다.

당신은 사랑이고, 지혜입니다. 당신은 겸손이고, 인내입니다.

당신은 안식이시며 평화입니다. 당신은 즐거움이며 기쁨입니다.

당신은 정의이자 절제입니다.

당신은 우리의 모든 것입니다. 당신만으로도 우리는 충분합니다.

당신은 우리의 영원한 생명입니다.

위대하고 놀라우신 주님, 당신은 자비로운 구원자입니다.

— 아씨시 프란치스코

🏺 나의 묵상

🌹 나의 기도

✸ 성서정과

삼하 7:1~5, 8~11, 16 / 시 89:2, 19~27 / 눅 1:67~79

"내가 용사들 위에 한 젊은 용사를 세우고 백성들 위에 내가 선택한 용사
를 높이 세웠다. 내 손이 그를 붙들어 주고, 내 팔이 그를 강하게 할 것이
다. 원수들이 그를 이겨내지 못하며, 악한 무리가 그를 괴롭히지 못할 것
이다. 내가 오히려 그의 대적들을 그의 앞에서 격파하고, 그를 미워하는
자들을 쳐부수겠다. 나는 그를 사랑하고, 내 약속을 성실하게 지킬 것이
며, 내가 그에게 승리를 안겨 주겠다. 그의 손은 바다를 치며 그의 오른손
은 강을 정복하게 하겠다. 그는 나를 일컬어 '주님은 나의 아버지, 내 구원
의 반석입니다' 하고 말할 것이다. 나도 그를 맏아들로 삼아서, 세상의 왕
들 가운데서 가장 높은 왕으로 삼겠다." (시 89:20~27)

☙ 묵상

신앙이 천상이나 내세 혹은 추상적인 것들에 대한 것이라고 여기며,
우리는 때로 그리스도교를 '영적인 종교'로 혼동합니다. 하지만 예수
께서 가르치신 신앙은 그와는 거리가 한참 멉니다. 예수께서는 우리
가 일상에서 접하는 잡다한 것들(동전, 겨자씨, 하루치 일, 물, 빵, 포도주)
을 가져다가 우리 가운데 함께하시는 주님을 볼 수 있도록 돕는 재료
로 쓰십니다. 그리고 무엇보다 예수 자신이 "육신을 입은" 주님으로

성육신하십니다. 주님은 우리에게 당신을 보여주시기 위해 지상에 있는 것, 평범한 물건들, 평범한 행위들을 사용하기로 선택하셨습니다. 주님은 바로 그렇게 우리 곁에 오셔서 거룩한 아버지가 베푸시는 사랑의 증거가 되셨습니다.

— 윌리엄 윌리몬

🌳 나의 묵상

🕊 나의 기도

✦ 성서정과

사 9:1~6 / 시 96 / 딛 2:11~14 / 눅 2:1~14

그 지역에서 목자들이 밤에 들에서 지내며 그들의 양 떼를 지키고 있었다. 그런데 주님의 한 천사가 그들에게 나타나고, 주님의 영광이 그들을 두루 비추니, 그들은 몹시 두려워하였다. 천사가 그들에게 말하였다. "두려워하지 말아라. 나는 온 백성에게 큰 기쁨이 될 소식을 너희에게 전하여 준다. 오늘 다윗의 동네에서 너희에게 구주가 나셨으니, 그는 곧 그리스도 주님이시다. 너희는 한 갓난아기가 포대기에 싸여, 구유에 뉘어 있는 것을 볼 터인데, 이것이 너희에게 주는 표징이다." 갑자기 그 천사와 더불어 많은 하늘 군대가 나타나서, 거룩하신 분을 찬양하여 말하였다. "더없이 높은 곳에서는 거룩하신 분께 영광이요, 땅에서는 주님께서 좋아하시는 사람들에게 평화로다." (눅 2:8-14)

✦ 묵상

예수의 탄생, 성육신 사건은 온 세계를 일관되게 묶어 두는 힘이 역사 속에서 한 인간의 영과 육으로 형태를 갖춘 사건입니다. 이 사건이 갖는 의미는 심대합니다. 하나의 전체로서 창조세계가 그 목적과 의미를 찾았음을, 우리 인류의 기쁨에 찬 변모를 위해 만물이 흘러 모이는 광경을 마침내 이 땅에서 볼 수 있게 되었음을 선포하기 때문입니다.

가장 높은 곳에 계신 주님께 영광이, 그리고 땅에서 주님의 친구 된
이들에게 평화가 있기를.

— 로완 윌리엄스

○ 나의 묵상

○ 나의 기도

✳ 성서정과

사 62:6~12 / 시 97 / 딛 3:4~7 / 눅 2:8~20

우리의 구주께서 그 인자하심과 사랑하심을 나타내셔서 우리를 구원하셨습니다. 그분이 그렇게 하신 것은, 우리가 행한 의로운 일 때문이 아니라, 그분의 자비하심을 따라 거듭나게 씻어주심과 성령으로 새롭게 해 주심으로 말미암은 것입니다. 거룩하신 아버지께서는 이 성령을 우리의 구주이신 예수 그리스도로 말미암아 우리에게 풍성하게 부어 주셨습니다. 그래서 우리는 그분의 은혜로 의롭게 되어서, 영원한 생명의 소망을 따라 상속자가 되었습니다. (딛 3:4~7)

📖 묵상

주님, 당신께서는 창조가 시작할 때 그 가운데 계셨습니다.

공간이 만들어질 때, 그 가운데 계셨습니다.

시간이 시작될 때, 그 가운데 계셨습니다.

그리고 그런 당신이 이제 우리와 함께 계십니다.

주님, 당신께서는 생명이 피어오를 때, 그 가운데 계셨습니다.

인류가 시작될 때, 그 가운데 계셨습니다.

만물이 생명의 숨을 쉴 때마다 그 가운데 계십니다.

그리고 그런 당신이 이제 우리와 함께 계십니다.

모든 하루의 시작과 끝을 주관하시는 주님,

그런 당신이 우리와 함께 계십니다.

— 데이비드 아담

🫖 나의 묵상

🌹 나의 기도

✣ 성서정과

사 52:7~10 / 시 98 / 히 1:1~4 / 요 1:1~14

반가워라, 기쁜 소식을 안고 산등성이를 달려오는 저 발길이여, 평화가 왔다고 외치며, 희소식을 전하는구나. 구원이 이르렀다고 외치며 "너희 주님께서 왕권을 잡으셨다"고 시온을 향해 이르는구나. 들어라, 저 소리, 보초의 외치는 소리. 시온으로 돌아오시는 주님과 눈이 마주쳐 모두 함께 환성을 올리는구나. 예루살렘의 무너진 집터들아, 기쁜 소리로 함께 외쳐라. 주께서 당신의 백성을 위로하시고 예루살렘을 도로 찾으신다. 주께서 만국 앞에서 그 무서운 팔을 걷어붙이시니, 세상 구석구석이 우리 주님의 승리를 보리라. (사 52:7~10)

🕮 묵상

구유에 놓인 아기에 관해 그리스도교가 전하는 이야기를 누군가는 믿을 것이고, 누군가는 믿지 않을 것입니다. 하지만 우리가 의식하고 있든 그렇지 않든 간에, 우리는 모두 예수 그리스도가 가능케 만든 틀을 따라 인간 세계를 보고 있습니다. 하나의 이상理想이 이 세계에 제시되었으며 세계는 이 이상을 몰아내지 못합니다. 물음이 없던 시대, 비인간적인 제국의 시대, 대량 학살의 시대에 종지부를 찍은 사건이 바로 성탄의 사건, 성육신 사건입니다.   ─ 로완 윌리엄스

🏺 나의 묵상

🕯 나의 기도

그리스도교 최초의 순교자
스데반 기념일

성서정과

대하 24:20~22 / 시 119:161~168 / 행 7:51~60 / 마 23:34~39

스데반이 성령이 충만하여 하늘을 쳐다보니, 주의 영광이 보이고, 예수께서 그분의 오른쪽에 서 계신 것이 보였다. 그래서 그는 "보십시오, 하늘이 열려 있고, 주님의 오른쪽에 인자가 서 계신 것이 보입니다" 하고 말하였다. 사람들은 귀를 막고, 큰 소리를 지르고서, 일제히 스데반에게 달려들어, 그를 성 바깥으로 끌어내서 돌로 쳤다. 증인들은 옷을 벗어서, 사울이라는 청년의 발 앞에 두었다. 사람들이 스데반을 돌로 칠 때에, 스데반은 "주 예수님, 내 영혼을 받아 주십시오" 하고 부르짖었다. 그리고 무릎을 꿇고서 큰 소리로 "주님, 이 죄를 저 사람들에게 돌리지 마십시오" 하고 외쳤다. 이 말을 하고 스데반은 잠들었다. (행 7:56~60)

묵상

창조주와 인류 사이에는
오직 한 분의 중보자가 있습니다.
거룩하신 창조주께 진정으로 받아들여질 만한
단 하나의 제물이 있는데,
그것은 우리의 것이 아닙니다.
그리스도는 자기로 말미암아 아버지께로 온 모든 사람을

그 제물로 영원히 거룩하게 하셨습니다.

십자가의 희생으로 우리를 성부의 현존에 이끌 수 있는 존재는

단 한 분입니다.

— 제임스 토런스

🫒 나의 묵상

....

....

....

....

....

....

💍 나의 기도

....

....

....

....

....

....

✤ 성서정과

출 33:7~11 / 시 117 / 요일 1:1~9 / 요 21:19하~24

주님은 빛이시고 그분께는 어둠이 전혀 없습니다. 우리가 어둠 속에서 살아가면서 주님과 사귀고 있다고 말한다면 우리는 거짓말을 하는 것이고 진리를 좇아서 사는 것이 아닙니다. 그러나 주님께서 빛 가운데 계신 것처럼 우리도 빛 가운데서 살고 있으면 우리는 서로 친교를 나누게 되고 그분의 아들 예수의 피가 우리의 모든 죄를 깨끗이 씻어줍니다. (요일 1:5-9)

◈ 묵상

빛이 왔습니다. 많은 빛 가운데 하나의 빛이 아닙니다. 이 빛은 '모든 빛 중의 빛'으로 유일한 빛을 말합니다. 이 빛은 모든 어둠을 사라지게 할 수 있습니다. 그리고 빛은 이를 알고 있습니다. 하지만, 어둠이 빛을 받아들여야만 했습니다. 진정찬 빛이 되려면 어둠에게 자신을 강요하거나 무력으로 어둠을 무력으로 정복할 수는 없습니다. 어떤 강요도 없이 사랑으로 이겨내기 위해 빛은 고통받습니다. 예수의 삶은 그렇게 요약됩니다. 거기서 우리는 가장 심오한 사랑을 만납니다. '오너라. 하지만, 나는 너에게 강요하지 않는다. 나는 너에게 자유를 준다. 그러니, 이제 오너라.'

— 자끄 엘륄

🍎 나의 묵상

🍎 나의 기도

헤롯에게 죽임당한
죄없는 어린이들 기념일

성서정과

렘 31:15~20 / 시 124 / 고전 1:26~29 / 마 2:13~18

형제자매 여러분, 여러분이 부르심을 받을 때에, 그 처지가 어떠하였는지 생각하여 보십시오. 육신의 기준으로 보아서, 지혜 있는 사람이 많지 않고, 권력 있는 사람이 많지 않고, 가문이 훌륭한 사람이 많지 않았습니다. 그런데 주님께서는, 지혜 있는 자들을 부끄럽게 하시려고 세상의 어리석은 것들을 택하셨으며, 강한 것들을 부끄럽게 하시려고 세상의 약한 것들을 택하셨습니다. 그분께서는 세상에서 비천한 것들과 멸시받는 것들을 택하셨으니 곧 잘났다고 하는 것들을 없애시려고 아무것도 아닌 것들을 택하셨습니다. 이리하여 아무도 그분 앞에서는 자랑하지 못하게 하시려는 것입니다. (고전 1:26~29)

묵상

교만은 자기자신을 스스로 위대하다고 생각하게 만들기 때문에, 무엇을 행하고 생각하고 말할 때 자신의 지혜와 분별 외에는 다른 아무것도 필요하지 않다고 착각하게 만듭니다. 주님의 계획으로 일이 잘되면 그들은 바로 자신의 능력과 노력으로 이를 이루었다고 주장합니다. 그리고 주님의 영광을 자신에게로 돌려서 모든 사람이 자신의 능력 때문에 놀란 것처럼 착각하게 만들어서 자신을 존경하라고 강요합니다. 그들은 스스로 지혜롭다고 주장하지만 어리석습니다. 그들은 빈틈이 없고 굴복하지 않으며 강하다고 자랑하지만 결국 굴복할 것이며 힘이 없고 약합니다.

— 브라가의 마르티누스

🍎 나의 묵상

🌹 나의 기도

✵ 성서정과

요일 2:3~11 / 시 96:1~4 / 눅 2:22~35

새 노래로 주님께 노래하여라. 온 땅아, 주님께 노래하여라.

주님께 노래하며, 그 이름에 영광을 돌려라.

그의 구원을 날마다 전하여라.

그의 영광을 만국에 알리고 그가 일으키신 기적을 만민에게 알려라.

주님은 위대하시니, 그지없이 찬양 받으실 분이시다.

어떤 신들보다 더 두려워해야 할 분이시다.

만방의 모든 백성이 만든 신은 헛된 우상이지만,

주님은 하늘을 지으신 분이시다.

주님 앞에는 위엄과 영광이 있고,

주님의 성소에는 권능과 아름다움이 있다.

만방의 민족들아, 주님을 찬양하여라.

주님의 영광과 권능을 찬양하여라. (시 96:1~7)

🕮 묵상

하늘에 계신 주님,

이제 우리에게 당신의 성령을 주시되 끊임없이 내려 주셔서

우리가 자기 위안에서 벗어나

당신을 향한 소망으로 들어가게 하소서.

이 걸음은 작지만 오히려 그렇기에 커다란 걸음입니다.

우리를 우리 자신으로부터 돌이켜 당신을 향하게 하소서.

우리를 당신에게서 숨도록 두지 마소서.

당신 없이 무언가를 하도록 내버려 두지 마소서.

당신이 얼마나 영광스러우시며, 당신을 신뢰하고 순종하는 것이

얼마나 영광스러운 일인지 우리에게 보여 주소서.

당신의 아들 예수 그리스도를 통해

우리를 자유롭게 하신 당신을 찬양합니다.

이를 고백하며 이 고백 위에 서서 당신을 소망합니다. 아멘.

— 칼 바르트

🫖 나의 묵상

....

....

....

✍ 나의 기도

....

....

....

✽ 성서정과

요일 2:12~17 / 시 96:7~10 / 눅 2:36~40

여러분은 세상이나 세상에 속한 것들을 사랑하지 마십시오. 세상을 사랑하는 사람에게는 그 마음속에 아버지를 향한 사랑이 없습니다. 세상에 있는 모든 것, 곧 육체의 쾌락과 눈의 쾌락을 좇는 것이나 재산을 가지고 자랑하는 것은 아버지께로부터 나온 것이 아니고 세상에서 나온 것입니다. 세상도 가고 세상의 정욕도 다 지나가지만 주님의 뜻대로 사는 사람은 영원히 살 것입니다. (요일 2:15-17)

📖 묵상

그리스도께서 우리의 죄를 용서해주심으로써 우리의 과거를 치유해주셨고, 영원한 생명이라는 선물을 통해 미래에 대한 불안과 두려움에서 우리를 해방하셨음을 믿는다면, 우리는 진정으로 '현재'를 살 수 있게 됩니다. 저 두 선물이 없다면 우리는 과거에 사로잡힌 채 살거나, 미래를 두려워하며 살게 되어 '현재'를 온전히 살지 못합니다. 진짜 삶을 살지 못하게 되는 것입니다. 현재를 사는 것은 창문을 통해 영원을 바라보는 정신으로 이루어집니다. 이는 매우 신실한 활동입니다. 과거에 대한 억울함, 분노, 죄책감, 미래에 대한 두려움, 불안에 시달리지 않을 때만 가능하기 때문입니다.　　　　— 새뮤얼 웰스

🫖 나의 묵상

_____

_____

_____

_____

_____

_____

_____

🫗 나의 기도

_____

_____

_____

_____

_____

_____

_____

성서정과

요일 2:18~21 / 시 96:1, 11~13 / 요 1:1~18

태초에 '말씀'이 계셨다.

그 '말씀'은 거룩하신 아버지와 함께 계셨다.

모든 것이 그로 말미암아 창조되었으니,

그가 없이 창조된 것은 하나도 없다.

창조된 것은 그에게서 생명을 얻었으니, 그 생명은 사람의 빛이었다.

그 빛이 어둠 속에서 비치니, 어둠이 그 빛을 이기지 못하였다. (요 1:1~5)

묵상

우리는 우리 자신에게 속해 있지 않습니다. 우리는 창조주에게 속해 있습니다. 우리는 우리 자신보다 그분 안에 있습니다. 우리가 가야 할 길은 오직 그분이 품고 있는 우리의 형상을 끌어내는 길 뿐입니다. 그분은 우리가 그 길을 걸어갈 수 있도록 카펫을 까셨습니다. 지극히 높으신 그분이 당신의 입으로 우리를 향해 말씀하셨고 그 말씀이 담긴 두루마리를 펼치셨습니다. 사랑은 자신의 고유한 문체로 법을 적어놓았습니다. 우리보다 앞서, 우리가 무엇이 될 수 있는지를 말이지요. "생명은 사람의 빛이었다." 무한히 신비로운 말씀입니다. 이해나 생각이 아니라 생명이 영적인 빛입니다. 로고스의 생명, 창조주의 생명, 성령, 가장 복된 빛, 우리의 핵심에서 빛나는 빛, 이 빛이야말로 어떤 '영혼에 관한 말'도 이를 수 없는 영혼의 참된 생명입니다.

— 한스 우르스 폰 발타사르

⛉ 나의 묵상

⛉ 나의 기도

✤ 성서정과

민 6:22-27 / 시 8 / 갈 4:4-7 / 눅 2:15-21

때가 찼을 때 주님께서 당신의 아들을 보내시어 여자의 몸에서 나게 하시고 율법의 지배를 받게 하시어 율법의 지배를 받고 사는 사람을 구원해 내시고 또 우리에게 당신의 자녀가 되는 자격을 얻게 하셨습니다. 이제 여러분은 주님의 자녀가 되었으므로 그분께서는 여러분의 마음속에 당신의 아들의 성령을 보내주셨습니다. 그래서 여러분은 주님을 "아빠, 아버지!"라고 부를 수 있게 되었습니다. 그러므로 여러분은 이제 종이 아니라 자녀입니다. 자녀라면 주님께서 세워주신 상속자인 것입니다. (갈 4:4-7)

📖 묵상

전능하시고 영원히 살아 계신 주님,
당신은 우리의 창조주이십니다. 우리는 당신의 피조물입니다. 당신의 두 손이 우리를 빚어 내셨고, 모든 피조물의 주인이 되게 해 주셨습니다. 우리만의 세계를 주시고, 우리를 위해 일하는 또 다른 세계도 주셨습니다. 그때 당신은 우리를 낙원에 두시고 당신 품에 거두셨습니다.
주님, 당신은 인내와 긍휼이시며, 자비와 사랑이십니다. 덕분에 당신의 자녀, 우리 인간은 사라지지 않았습니다. 우리를 벌하시지 않으시고 오히려 당신의 영광으로 우리를 구원하셨습니다.

— 조지 허버트

🫖 나의 묵상

_____

_____

_____

_____

_____

_____

🌷 나의 기도

_____

_____

_____

_____

_____

_____

성서정과

요일 2:22~28 / 시 98:1~4 / 요 1:19~28

여러분이 처음부터 들어온 것을 마음속에 간직하십시오. 여러분이 처음부터 들어온 것이 여러분의 마음속에 살아 있으면 여러분은 아들과 아버지와 함께 살게 될 것입니다. 이것이 바로 그리스도께서 친히 우리에게 약속해 주신 영원한 생명입니다. … 여러분은 그 성령께서 가르쳐주신 대로 그리스도와 함께 살아가시오. 그러므로 사랑하는 나의 자녀인 여러분은 그리스도와 함께 살아가십시오. 그러면 그리스도께서 다시 오시는 날 우리가 자신을 갖게 되고 다시 오시는 그분에게 부끄러움을 당하지 않을 것입니다. (요일 2:22~28)

묵상

주님은 사랑이시기에, 그분은 오직 타인을 향한 사랑의 상태 안에서만 경험될 수 있습니다. 타인을 위한 온전한 기도는 그를 향한 아픔, 희생, 행위의 선물을 동반합니다. 이 희생의 상태에서만 우리는 그 희생의 능력의 원천이신 그리스도와 함께 거룩하신 분 안에 들어갑니다. 우리는 타인을 향한 사랑과 자비를 통해서 우리를 주님 안에 그리고 타인 안에 확립하고 그렇게 하여 자비와 사랑 그 자체이신 분에게 참여합니다.

— 두미뜨루 스떠닐로아에

🫖 나의 묵상

....

....

....

....

....

....

....

🫖 나의 기도

....

....

....

....

....

....

....

....

✿ 성서정과

요일 2:29~3:6 / 시 98:2~7 / 요 1:29~34

아버지께서 우리에게 베푸신 사랑이 얼마나 큰지 생각해 보십시오. 그분의 그 큰 사랑으로 우리는 그분의 자녀라고 불리게 되었습니다. 우리는 과연 그분의 자녀입니다. ... 우리가 장차 어떻게 될지는 분명하지 않지만 그리스도께서 나타나시면 우리도 그리스도와 같은 사람이 되리라는 것을 우리는 알고 있습니다. 그 때에는 우리가 그리스도의 참모습을 뵙겠기 때문입니다. 그리스도께 대하여 이런 희망을 가진 사람은 누구나 그리스도께서 순결하신 것처럼 자기 자신을 순결하게 합니다. (요일 3:1~3)

📖 묵상

오. 주님. 저의 마음은 순결하지 않습니다.

이기적인 욕망과 복잡한 생각과

병적인 자기반성으로 가득 차 눈멀고 귀먹었습니다.

제 앞에 나타나 말씀하고 싶어 하시는

주님을 보지 못하고 듣지 못합니다.

주님, 진심으로 보기 원합니다.

하지만 마음을 정결하게 하려는

그 어떤 노력도 소용이 없고,

덫에 걸려 몸부림칠수록

더 옴짝달싹 못하는 느낌이 들 때가 많습니다.

오, 주님, 이 덫에서 저를 구원하실 분은

당신 뿐입니다. 저의 손을 잡고 산으로 인도해주소서.

— 헨리 나우웬

나의 묵상

나의 기도

✳ 성서정과

요일 3:7~10 / 시 98:1, 8~9 / 요 1:35~42

새 노래로 주님을 찬양하여라. 놀라운 기적들을 이루셨다. 그의 오른손과 거룩하신 팔로 승리하셨다. 물결은 손뼉을 치고 산들은 다 같이 환성을 올려라. 그가 세상을 다스리러 오시니, 주 앞에서 환성을 올려라. 온 세상을 올바르게 다스리시고 만백성을 공정하게 다스리시리라. (시 98:1, 8~9)

✏ 묵상

종종 우리에게도 예수의 현존이 우리를 압도하고, 우리와 하나가 되고, 우리를 사로잡는 그런 일이 일어납니다. 우리는 비록 보지는 못하지만 그분의 빛을 느낍니다. 아니 어쩌면, 우리는 그것을 직감합니다. 마치 아침의 태양이 잠자는 사람의 눈꺼풀 사이로 투과되듯 말입니다. 예수는 자신을 "세상의 빛"이라고 선포합니다. 영원한 빛, 우주적이고 보편적인 빛이라고 말입니다. 그 빛은 이 세상에 와서 모든 사람을 비춥니다. 주님, 찬미 받으소서. 당신의 빛은 모든 영혼 안에서 일하십니다. 우리는, 비록 굴절된 형태일지라도, 모든 종족, 모든 신념 안에서 그 빛을 발견합니다.

— 렙 질레

🫖 나의 묵상

....

....

....

....

....

....

....

🫖 나의 기도

....

....

....

....

....

....

....

성서정과

요일 3:11~21 / 시 100 / 요 1:43~51

형제 여러분, 세상이 여러분을 미워하더라도 이상히 여길 것 없습니다. 우리는 우리의 형제들을 사랑하기 때문에 이미 죽음을 벗어나서 생명의 나라에 들어와 있는 것이 분명합니다. 사랑하지 않는 사람은 죽음 속에 그대로 머물러 있는 것입니다. 사랑하는 자녀들이여, 우리는 말로나 혀끝으로 사랑하지 말고 행동으로 진실하게 사랑합시다. 우리는 이렇게 사랑함으로써 우리가 진리에 속해 있다는 것을 알게 되고 또 주님 앞에서 확신을 가질 수 있습니다. 우리가 양심의 가책을 받을 때에도 그렇습니다. 주님께서 우리의 마음보다 크시고 또 모든 것을 알고 계시기 때문입니다. 사랑하는 여러분, 우리가 양심의 가책을 받지 않을 때에는 주님 앞에서 떳떳합니다. (요일 3:13~14, 18~21)

묵상

지식과 원칙은 한 사람에 대해 알려주지 않습니다. 오직 사랑만이 한 사람을 진정으로 알 수 있게 합니다. 사랑의 진가를 존중하기 위해서는 우리 자신이 그와 마찬가지로 비슷한 비난을 받아 마땅하며 구원받기 위해서는 형언할 수 없는 은총과 자비의 선물이 필요하다는 점을 이해해야만 합니다. 그렇게 할 때에만 우리는 타인을 궁지에 빠뜨

리거나 우리 자신을 위해 그를 디딤돌 삼아 올라가려 애쓰는 대신 그가 올라서도록 도움으로써 우리 자신도 올라가게 할 수 있습니다. 구렁텅이에 빠진 이에게 우리 손을 내밀 때 우리 모두에게 주님께서 손을 뻗어 오십니다.

— 토머스 머튼

○ 나의 묵상

○ 나의 기도

✤ 성서정과

> 사 60:1~6 / 시 72:1~7, 10~14 / 엡 3:1~12 / 마 2:1~12

주님, 임금에게 올바른 통치력을 주시고, 임금의 아들에게 정직한 마음을 주소서. 당신의 백성에게 공정한 판결을 내리고 약한 자의 권리를 세워 주게 하소서. 임금이 의를 이루면 높은 산들이 백성에게 평화를 안겨주고 언덕들이 정의를 가져다주리라. 백성을 억압하는 자들을 쳐부수고 약한 자들의 권리를 세워 주며 빈민들을 구하게 하소서. 해와 달이 다 닳도록 그의 왕조 오래오래 만세를 누리게 하소서. 풀밭에 내리는 단비처럼, 땅에 쏟아지는 소나기처럼 그 은덕 만인에게 내리니 정의가 꽃피는 그의 날에 저 달이 다 닳도록 평화 넘치리라. (시 72:1~7)

🗃 묵상

그리스도인은 두 가지 현실을 보아야 합니다. 좀 더 정확하게 말하면 현실을 보며 동시에 그 안에 있는 또 다른 현실을 보아야 합니다. 하나는 우리 모두 알고 있는 세계, 아름답고도 두려움을 불러일으키며, 화려하면서도 황량하고, 즐거우면서도 괴로운 세계입니다. 또 다른 하나는 단순한 '자연'이 아니라 '창조세계', 즉 최초의 세계이자 궁극적인 진리의 세계입니다. 이곳은 모든 면에서 주님의 아름다움으로 빛나고 어떠한 폭력도 없는, 끝없는 영광의 바다입니다. 이렇게 두 현실을 볼 때 우리는 슬퍼하면서 동시에 기뻐합니다. 세계를 죽음이라는 베일에 드리워진, 그러나 무한한 아름다움을 언뜻 비추는 거울로 여깁니다. 피조물이 사슬에 묶여 있는 모습을 간과하지 않으면서도 하루가 시작할 때 떠오르는 태양을 보듯 그 아름다움을 봅니다.

— 데이비드 벤틀리 하트

🫖 나의 묵상

🕯 나의 기도

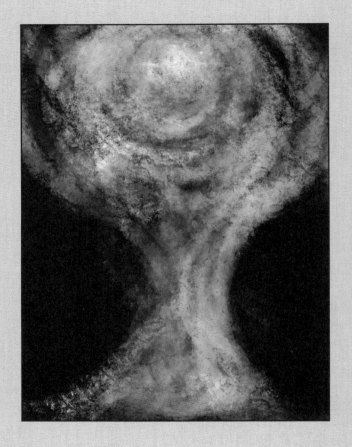

그의 이름은 거룩하고,
그의 자비하심은, 그를 두려워하는 사람들에게 대대로 있을 것입니다.
그는 그 팔로 권능을 행하시고 마음이 교만한 사람들을 흩으셨으니,
제왕들을 왕좌에서 끌어내리시고 비천한 사람을 높이셨습니다.
주린 사람들을 좋은 것으로 배부르게 하시고,
부한 사람들을 빈손으로 떠나보내셨습니다.

주여, 우리에게 임하소서
 - 대림절기를 위한 기도노트

초판 발행 | 2022년 11월 18일

지은이 | 비아 편집부

발행처 | 비아
발행인 | 이길호
편집인 | 이현은
편 집 | 민경찬 · 황윤하
제 작 | 김진식 · 김진현 · 이난영
재 무 | 강상원 · 이남구 · 김규리
마케팅 | 유병준 · 김미성
디자인 | 민경찬 · 손승우

출판등록 | 2020년 7월 14일 제2020-000187호
주 소 | 서울시 강남구 봉은사로 442 75th Avenue 빌딩 7층
주문전화 | 010-3210-7834
팩 스 | 02-395-0251
이메일 | viapublisher@gmail.com

ISBN | 979-11-91239-96-6 03230
저작권 ⓒ 2022 ㈜타임교육C&P